ちくま新書

町内会

——コミュニティからみる日本近代

玉野和志
Tamano Kazushi

1797

町内会――コミュニティからみる日本近代【目次】

凡例

一、「参考文献」に掲載されている文献について、本文中では（著者名 出版年）という形で略記した。
二、引用文中の旧漢字は新漢字に改めた。仮名遣い・送り仮名は、原文通りとした。
三、固有名詞（地名・人名等）の旧字は原則として新字に改めた。

はじめに

町会、町内会、部落会、自治会……、時代により、地域により、さまざまによばれているが、そのような住民組織が、日本の地域にはだいたい存在している。世代により、生まれ育った地域により、そのような組織を身近に感じる人もいれば、縁遠い人もいるだろう。昔はハエや蚊の消毒に協力していたとか、用水の掃除や道普請をやっていたとか、果ては町内会対抗の運動会まであったというと、びっくりする人も多いだろう。現在では、たまに回覧板が回ってきたり、会費の請求や歳末助け合いの寄付のお願いがあったり、何年かに一回当番をしなければならないといったところであろうか。

ある意味では何の変哲もないものであるし、深く関わる人も多くはない。しかしながら町内会・自治会は、戦後何度か大きな議論の的になり、現在でもその存続が課題とされている。

読者の中にも、新しく引っ越してきて、入れと言われたが、これはいったい何なんだろうとか、係の仕事が回ってきたが、どうしたものかとか、果てはたまたま町会長になってしまって、いろいろ考えると改革の余地があると思うが、どうしたものかと考えあぐねている人もいるかもしれない。さらには、こうすればいいだろうと思ってやってみたら、思わぬところから横やりが入り、にっちもさっちもいかなくなったという人もあるかもしれない。

阪神・淡路大震災以来、大きな災害があるたびに、きずなや共助が強調される。確かに町内会のような組織は、あるに越したことはないだろう。でも、もう少しどうにかならないかと思っている人も多いだろう。町内会は身近な地域で人々がゆるやかに日頃からつながりを維持して、ちょっとしたことやいざというときに助け合うことを可能にする、日本の社会に古くから培われてきた共助の仕組みといえなくはない。そのような仕組みがどのように成立し、これまでどのように維持され、現在どのような課題を抱えているかを知ることは、そのような困難に思わず巻き込まれたり、日頃から疑問を感じている人にも興味のあることだろう。

本書は、そのような人が町内会とは何なのかということを知り、地域における共助のあり方を見直すうえで、少しでも助けになればと思って執筆したものである。

ところが、この町内会のよってきたるところをたどっていくと、意外なことに、日本の社会や国家の特質が見えてくる。何を大げさなと思うかもしれないが、権力はつねにそのような日常生活の場で作動しているのだというのが、この半世紀あまりの人文社会科学が明らかにしてきたことである。それはヘーゲルやマルクスを基盤に、ニーチェをへて、ルフェーヴルやフーコーに引き継がれた視点である。バトラーなどのフェミニズムの視点も同様であろう。

町内会という誰も気にとめないようなものから、日本の国家＝行政がどのように社会を統治してきたのか（「統治性」）、また、それを支えた人々がどのような社会的存在であったのか（「階級性」）を考えてみたい。そこから、われわれが今日「きずな」とか「共助」とか言っているものに、どのような歴史的事情や、地域ないし民族による違いがあるのかを明らかにしていきたい。

第一章では、町内会の現状と課題を紹介する。まずは、現在、町内会・自治会をめぐってどのような議論や課題が取り上げられているかをみてみたい。

そのうえで、第二章では、そもそも町内会とはどのようなものであり、いつ頃から成立したものであるかについて詳述する。そこで本書全体を通して大きなテーマとなる、町内会をめぐる「統治性」と「階級性」という概念が提起される。

つづく第三章と第四章では、この統治性と階級性について、それぞれ詳しい検討がなされる。第三章では、明治地方自治制の成立過程を詳しく検討することで、日本の近代国家による住民統治の技術がどのように確立するかをみていきたい。第四章では、明治地方自治制に代わる町内会体制の形成過程における、担い手層の階級的位置づけについて考察する。ここで、容易には理解されないだろうが、町内会の担い手は、ヨーロッパでは労働組合へと組織された労働者階級の中核部分であったと主張したい。

最後の第五章では、以上のような歴史的検討をふまえて、これからの町内会や市民団体が、どのように日本の地域社会を支えていけばよいかを展望してみたいと思う。

第一章

危機にある町内会

†町内会が消える？

本章では、現在、町内会・自治会がどのような状況にあって、いかなる課題に直面しているかを確認しておきたい。町内会や市民活動団体、ＮＰＯや労働組合など、いわゆる人々のボランティアな参加にもとづく団体は、慢性的な人手不足と担い手不足に悩んでいるのが通例である。したがって、つねに危機だ危機だと言われることも多いのだが、それにしても、二〇一〇年を過ぎた頃から、町内会・自治会がいよいよ成り立たないのではないかという議論が出てくる。

この点についてよく指摘されるのが、二〇一五年九月から一〇月にかけて朝日新聞が掲載した特集「どうする？自治会・町内会」と同年一一月に放映されたＮＨＫ『クローズアップ現代』の「町内会が消える？～どうする　地域のつながり～」である。そこでは町内会・自治会が現在抱えているさまざまな課題が紹介され、注目を集めた。

筆者自身も、たまたま一緒に仕事をする機会のあった東京都立川市の職員から、同時期に最近は役員のなり手がいないので、町内会を解散しましたという地域が出るようになったという話を聞かされることがあった。また、同じ頃に今度は八王子市の職員から、かつては八〇%近くあった加入率が、最近では六割を切って、五〇%台になってしまったという話を聞く機会があった。

†首都圏近郊の状況

実際、図1に示したように、東京近郊の八王子市、立川市、日野市、町田市では、右肩下がりに加入率が低下している。もっとも東京でいうと、都心部の東京二三区内ではすでに一九七〇年前後に加入率が五〇%を切ったと言われたものだし、三鷹市、調布市、国分寺市、小平市、小金井市など、もう少し都心寄りの東京近郊では、二〇〇〇年代の初めには加入率が五〇%近くになっていたと思われる。

したがって、二〇一〇年代後半以降の変化は、東京のさらに外側の以前は七〇%以上の加入率を維持していた地域が、一挙に五〇%近くに低下するという出来事に対応するものであったと考えられる。東京の近郊で地方都市的な独立性をもつ八王子市や立川市に起こったことが、もし全国の地方都市でも起こっているとすれば、二〇一〇年代後半から改めて町内会・自治会の危機が叫ばれるのには、それなりの根拠があるのかもしれない。それには二〇一一年に起こった東日本大震災の影響もあるように思うが、この点については後

図１　町内会の加入率（%）

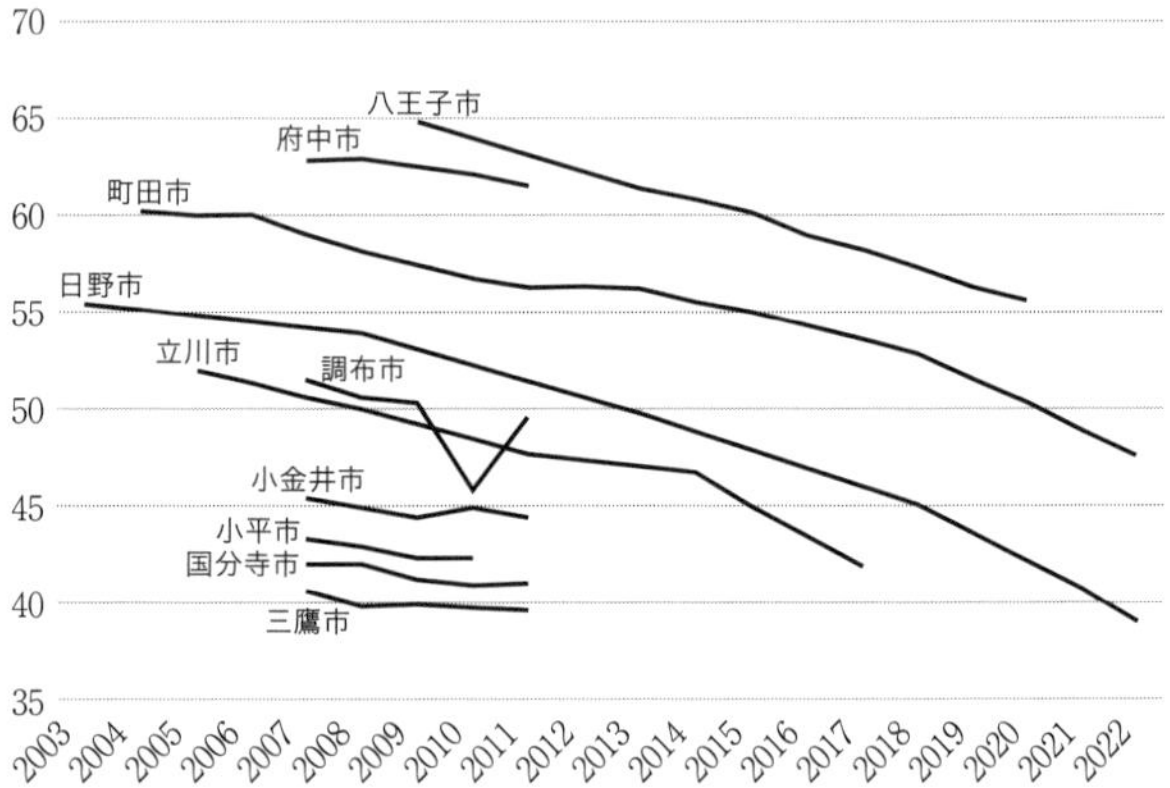

注：以下の資料から筆者が作成。間の年度が不明の場合は、前後の年度を直線で結んで示した。資料はいずれも公式ホームページに公開されている。

出典：八王子市町会自治会連合会『町会・自治会加入促進ハンドブック（改訂版）』2017年12月。「町会・自治会加入世帯数及び加入率の推移」八王子基礎データ集、オープンデータ一覧。小金井市保健福祉総合計画策定委員会（平成22年12月〜平成24年3月）第6回配布資料1「町会・自治会の加入率 調査結果」。町田市「データでみる町内会・自治会」。立川市産業文化スポーツ部協働推進課『自治会に関するアンケート調査報告書』2018年4月。日野市企画部地域協働課「新しい自治会支援について」2023年、一部数値を地域協働課に直接確認。

でふれることにしたい。

まずは近年の町内会・自治会が直面している困難について、具体的にみていくことにしよう。

†超多忙な町内会長

先に紹介したNHKの『クローズアップ現代』では、福岡県北九州市のある町内会長さんが、朝から三時間かけて夫婦二人で、行政からの配布物を約一〇〇〇世帯に配る様子が紹介されている。配りながら高齢者の安否確認をし、ごみ集積所の管理・清掃、新しく引っ越してきた世帯への訪問、夜には防犯のための巡回パトロールに、管理する街灯の点検と、町内会長になってからほとんど自由な時間はなくなったという。

町内会の班が機能していて、班長がまわり番でも選出されている地域ならば、回覧板を使って配布し、会長一人で一〇〇〇世帯に届けるということはないだろうが、それでも地区ごとに配布する手間は残るのである。行政から一世帯あたり何円という補助はあるが、それも町内会長が個人で受け取ることはなく、町内会費に入れ込んでいる場合が多い。その他、いったん町内会長を引き受けると、連合会などの上部団体やPTA、社会福祉協議会、青少年対策、警察、消防と、地域のさまざまな役職が当て職のようについてきて、あっという間に予定が埋まってしまう。

先に紹介した朝日新聞の特集では、その際に行ったアンケートの結果が今でもウェブで確認できるが、役員の負担が大きく、それを減らすことが必要、今では実情に合わなくなった活動も多く、かといって変更することもむずかしく、行政のためにやっているようなところもあって、若い人がついていけない、などの意見が寄せられている。役員の高齢化や担い手不足も、そのような町内会長の多忙な実情を考えるならば、無理もないと言うべきだろう。

†「自分の代で終わりにします」

そんなわけで、次のような話を耳にすることがあった。ある地域の町内会では、町内会長になると、連合会関係のさまざまな仕事がふってきて、超多忙になってしまう。地域全体の高齢化でそんなたいへんな仕事を引き受けてくれる人もいないし、無理に押しつけるわけにもいかない。そこで困窮した町会長が、自分の代をもってこの地域では町内会を解散しますと宣言し、連合会から抜けることになったというのである。

とはいっても、実は地域のレベルでは従来通り町内会は存続していて、連合会からの負担を避けるために、表向き町内会は解散したということらしい。地域でその方がそのまま会長を続けたか、そもそも引き続き会長職を置いたかどうかはよくわからない。これはあくまで聞いただけの話であるが、近年多すぎる町内会の仕事を断捨離するという話は、よく聞くことであるし、ある種の推奨される対策のひとつにもなっている。

先の『クローズアップ現代』でも、ある団地の自治会がやっている仕事を全部洗いだして、本当に必要なことだけに絞っていったという試みが紹介されている。最後に残ったのは夏祭りや餅つきといった親睦行事で、会費もなくして必要に応じて寄付を募り、手つかずであった放置自転車などの問題には、参加者を募って対処することにしたという。

実際、最近の町内会・自治会に関するハウツー本では、「ゆるゆるな新町内会をつくってみた」とか、「その事業は本当に必要か」「町内会はどこまでリストラできるか」という見出しが躍っている（紙屋 二〇一四、二〇一七）。筆者も頼まれた講演では必ず「町内会はあくまで任意団体なので、できないことはできないでいい」「やろうという人が楽しんでやることが重要で、無理をする必要はない」と伝えるようにしているが、しかし多くの人は何とかしなければと考えてしまうのである。

†「やめるならごみ集積所を使うな」

その結果、どんなことが起こるかというと、町内会を抜けようとする人に過度のプレッシャーをかけてしまうのである。安易に脱会を認めると、みんなやめてしまうのではないかとか、「ただ乗り」は絶対に許さないという気持ちが高まってくる。高齢化や担い手不足によって、町内会も余裕がなくなっているということだろう。よくあることだが、町内会に入らないなら、ごみ集積所を使わせないとか、周辺の防犯灯を撤去するという「いじめ」のようなことが起こる。

『クローズアップ現代』でもそのような事例が紹介されている。介護の必要や仕事の都合で、多忙な町内会の役職を引き受けることができないので、免除を申し出た世帯がそれを拒否され、やむをえず脱会した結果、右のようなことが起こったというのである。

これにたいして行政担当者は、「皆さん少しずつご負担なさって支えているわけですから、それらの方々が町内会に戻られるのが望ましい」と涼しい顔でコメントしているが、本来ならば、そのような世帯だけ行政が直接ごみを個別に回収し、防犯灯の設置も行うのが筋であろう。行政は町内会の好意に甘えて本来の業務を代行してもらっているだけなのだから、町内会の好意の及ばないところには直接義務を果たすべきなのである。しかしながら、そんなことをしたら、なんであの人たちだけ特別扱いされるんだということで、ますます風当たりが強くなるだろう。せいぜい「町内会には地域住民全体へのサービスの提供を前提に補助金を出しているのだから、会員であるかどうかにかかわらずやってください」と丁重に当該の町内会にお願いするのが、せめてもの行政としての正しい対応である。

このように、本来行政がやるべき仕事を住民の好意に依存してやってもらうだけでなく、その結果生じるトラブルについても、責任をとることなく、住民同士の争いや妥協による解決に委ねるという、行政からみるとなんとも都合のよい仕組みが、なぜできあがったのか。それを解明するのが本書のねらいの一つである。

†震災以降の過剰な期待

ところで、そもそものようなトラブルが生じる背景には、町内会が過度な負担を背負わされているという現実がある。なぜそのようなことになったのか。それには次のような二つの背景が存在している。

ひとつは、一九九五年の阪神・淡路大震災、さらには二〇一一年の東日本大震災が大きな影を落としている。阪神・淡路大震災の際にも、災害時には日頃からの地域のつながりが大事であるということが言われたが、東日本大震災の後には「きずな」がひどく強調されたことを記憶している人も多いだろう。気をつけなければならないのは、災害時に大事なのは文字通り地域の「きずな」、すなわち「関係のあり方」であって、必ずしも町内会・自治会そのものではない。実際、阪神・淡路大震災の場合、頼りになった町内会もあれば、まったく当てにならずに他の組織が機能した地域もある。町内会・自治会がその地域でどれだけ実質的な人々の関係を維持してきたかが問われるのである。

したがって、必ずしも町内会・自治会に期待すればよいというものではないが、行政はどうしても町内会・自治会にそのような地域の関係の構築を期待するのである。一般の人々もまた漠然と、地域ならば町内会・自治会だと考えてしまう。そのため、災害時の要援護者への対応や防災訓練などの実施を当たり前のように町内会・自治会に求め、過大な負担を強いてしまうのである。

もうひとつ、そもそも政府がその本来の仕事を民間企業や民間団体へアウトソーシングしようとする動きがある。いわゆる「小さな政府」を標榜して、人々に「自助・共助」を求めるという動きである。大きく言えば、「ネオリベラリズム」とか、「新自由主義」とよばれる政治的潮流である。もともとは福祉国家の下での財政危機に端を発するかたちで、社会民主主義的な福祉国家（ウェルフェア）の時代から、もう一度市場の原理に任せて自助努力を求める勤労福祉（ワークフェア）の時代への転換を意味している（ジェソップ 二〇〇五）。

自治体行政のレベルでは、これまで政府が担ってきたサービス供給の一部を市場や民間企業に任せたり（民間活力導入）、市民や住民の自助・共助の活動に委ねたりすることで、公・共・私の役割分担を見直そうという動きが出てくる。「行政と市民の協働」とか、「新しい公共」とよばれるのがそれである。現在では、行政は直接サービスの提供を担うよりは、それを担うNPOや市民団体、民間企業など全体の調整機能を果たすべきだという考え方が支配的になっている。町内会・自治会もそのような実務的にサービス提供を担当する民間団体のひとつとして、協働を担う主要なパートナーと位置づけられ、期待されているのである。

つまり、災害時にすぐには行政のサービスが届かないという現実への対処を求められているだけでなく、公的なサービス提供の実務を行政との協働というかたちで日常的に担うことすらも求められているがゆえに、町内会・自治会への期待が過剰なまでに拡大しているということである。

†「きずな」と「共助」

ここで注意しなければならないのは、それが必ずしも町内会・自治会でなければならないというわけではないということである。先に、阪神・淡路大震災の際に、「きずな」を実質的に維持していた町内会は頼りになったが、まったく当てにならなかった町内会もあったことについて述べた。つまり、地域に共助の関係をもたらすのは、必ずしも町内会・自治会だけではない。町内会・自治会がそれらを一手に引き受ける必要はないのである。

ごく普通の近所づきあいや、ママ友、親父の会、小学校の同級生、子どもが学校で一緒だったとか、お祭り好きの集まりや趣味・スポーツのサークル、NPOやボランティア団体など、地域にはさまざまなネットワークの広がりが存在する。そのようなものを社会関係資本（ソーシャル・キャピタル）と言ったりするが、重要なのは、そのような社会関係資本を維持することであって、町内会という組織そのものを維持することではない。それが、そのまま「きずな」や「共助」につながるとは限らないのである。

この意味でも、「きずな」や「共助」という地域における社会関係資本の形成を、町内会・自治会だけに求めることは、やめた方がよい。確かに現在でもそのような意味で有力な団体であることにまちがいはないが、すべてを町内会・自治会に求める必要も、町内会・自治会が無理をして一手にそれを引き受ける必要もない。地域のつながりはもっと多様なかたちで存在し、相互にあまり関係していないことも多いのである。

したがって、行政は何でもかんでも町内会に頼るのではなく、さまざまなつながりをいろいろな局面でとらえてつないでいくことを考える必要がある。

†町内会を知らない若者たち

さらに、最近の町内会・自治会にとって困ったことは、とりわけ若い世代に町内会・自治会が当たり前に地域に存在することが、体験的に理解できない人が増えていることである。ある年齢より上の世代だと、小学生の頃に子ども会があったり、お祭りや運動会があって、それらを世話しているのが町内会で、あるのが当たり前で、入るのも当たり前という感覚が共有されていたかもしれない。しかし、ある年代より下の世代は、生まれ育った地域にもよるが、そのような体験がまったくない人も多い。そうすると、当然「町内会って何」とか、「入らなければならないの」という疑問が浮かんでくる。

東京の立川や八王子などの都市が急激に加入率を落とした理由のひとつには、若い世代の流入の多い地域であることが影響している。新しく越してきた世帯へ加入のお願いに行く町内会長さんたちの心が折れるのは、若い人が面と向かって「加入して何かメリットがあるんですか」と平気で聞いてくるときである。町内会という組織がその本性上、直接の個人へのメリットが説明しづらいこともあって、思わず立ち往生してしまうのである。「つべこべ言わずにつきあいなんだから入れ」と言いたくなるのだが、若い世代にそれは通用しない。

筆者もインターネットの質問サイトを運営する団体からの取材を受けて、町内会とはどういうものかを一から説明したことがある。取材に来た人もその記事を読んだ人からも、「なるほどそういうことでしたか、よくわかりました」と言われて複雑な思いをしたことがある。町内会・自治会は、若い世代にとっては、かくもよくわからない存在になってしまったのである。

†本書での表記――町内会、町会、自治会、部落会

さて、本書では以上のような町内会・自治会の現状をふまえて、改めて町内会の特質や、

その歴史的な成立過程について検討していきたい。その前にあらかじめいくつかの点について、断っておきたい。

まず、すでに町内会・自治会と言ったり、単に町内会と言ったりしているが、ここで対象となる地域住民組織の呼称について、確認しておきたい。もともと村落では部落会、都市では町内会とよばれることが多かったが、今では村落では自治会という場合が多くなり、都市でも団地などでは自治会という場合がある。他にも地域によって区会とか、単に町会と言ったりする場合もあるが、総称としては、かつては「部落会・町内会」だったのが、次第に「町内会・自治会」になり、今では「自治会・町内会」というのが一般的と言ってよいだろう。

いずれにせよ、それらがすべて同じような性質をもつものと考えられているという点では、衆目の一致するところである。本書ではこれ以降、原則として「町内会」と表記することにするが、文脈や言い回しの都合で、「町内会・自治会」と言ったり、単に「町会」と言ったりすることをお許しいただきたい。それらはすべて原則として同じ意味と取っていただいてかまわない。

ただし一部、村落の自治会・部落会と都市の町内会との区別が重要な部分がある。その際には注意深く、部落会・自治会と町内会・町会を区別して表記しているので、気をつけてほしい。ちなみに、私個人としては町の会という意味での「町会」が、少なくとも都市部では本来の呼称であったのではないかと考えている。そう考えたくなる理由は、本書の論述からいずれ明らかになるだろう。

†町内会の定義――共同防衛を目的とした全戸加入原則

さて、それではここで「町内会」と表記することにした、これらの地域住民組織に共通する性質を考えてみよう。町内会の定義ということになる。町内会についてはその特質について論じられることは多いが、意外とその定義についての議論は少ない。一般的には、「同じ地域に住む人が集まり、様々な活動をしながら親睦を深める団体」（日野市）とか、「一定の地域に住む人が協力し合い、自主的に運営する任意団体」（大田区）などと説明される。ある研究グループは「一定範囲の地域（近隣地域）の居住者からなり、その地域に関わる多様な活動をおこなう組織」という定義から、その調査研究を始めている（辻中ほか 二〇〇九）。

一般の人にたいするとりあえずの説明や、調査研究を始めるに当たっての操作的定義としては、これらで十分であろう。しかし、学問的探究の対象を限定する厳密な意味での定義としては、いずれも不十分なものである。これにたいして、かなり厳密で詳細な定義としては、次のようなものがある（中田ほか 二〇一七）。

町内会・自治会は、原則として一定の地域区画において、そこで居住ないし営業するすべての世帯と事業所を組織することをめざし、その地域区画内に生じるさまざまな（共同の）問題に対処することをとおして、地域を代表しつつ、地域の（共同）管理に当たる住民自治組織です。

この定義は次章で紹介する町内会の特質をすべてあらかじめ網羅していて、その意味では必要かつ十分なものである。しかしながら、これではかえってどこに重点があるのかがわかりにくい。おそらくこの定義を提示している三人の著者の一人である中田実の年来の主張からすると、最後の部分の地域共同管理に当たる住民組織というのが、肝であろう。

とはいえ、私は前半部分のすべての世帯と事業所を組織することをめざすというところに注目してみたい。いわゆる「全戸加入原則」というものである。詳しくは次章で紹介するが、私はこの部分が町内会の本質的な性質、つまりそこから他のすべての性質が導き出される肝となる部分と考えている。そこで、とりあえずここでは町内会を次のように定義しておきたい。

町内会・自治会は、「共同防衛」を目的とする「全戸加入原則」をもった地域住民組織である。

「共同防衛」についても次章で詳しく論じるが、この目的ゆえに町内会は、可能なかぎり一定区域に住むすべての世帯や事業所に入ってもらいたいと考え、それを前提とした活動をしているのである。それが「全戸加入原則」の意味である。中田実が重視する地域共同管理も、共同防衛を目的としたもので、共同防衛の方がより本質的だと考えているわけである。

†町内会と労働組合、国家と地方自治体

町内会の全戸加入という特質は、これまで否定的に評価されることが多かった。戦時体

制の下で実際に全戸加入が強制されたことがあったからである。しかし町内会が民間の団体である限り、全戸加入を強制することなどできない。できるのは、無理は承知で、できれば全戸が加入してほしいと思って活動するだけである。それが全戸加入原則、すなわちできれば全戸が加入してほしいと考えて活動するという原則である。しかし、これも「実は、町内会への加入は義務ではありません」とか、「加入は自発的意思であり、任意だ」ということで、否定的にみられることが多い（紙屋 二〇一四）。そんな原則があるところが、町内会の変なところだというわけである。

しかしながら、ここでこれと同じような原則をもつ組織や団体が、他にもあることを指摘しておきたい。たとえば、労働組合がそうである。労働組合は労働者の利益を守るために、できればすべての労働者が加入することを目標に活動している。会社単位で全員加入を義務づけるユニオン・ショップや、労働組合員以外は雇わないクローズド・ショップという制度もあるが、基本的に労働組合は任意加入＝オープン・ショップである。決して労働者のすべてが組織できているわけではないが、労働者全体の利益のために活動するのが労働組合である。

その点では、住民がすべて加入しているわけではないのに、地域全体のためにいろいろなことをやる町内会とよく似ている。町内会と労働組合を同列に並べて論じることは、これまでほとんど行われてきていないが、本書ではここが重要な点なので、前もって指摘しておきたい。

さらに、同じような団体に国家や地方自治体が存在している。国家や地方自治体も国民や市民全体のためにいろいろな活動をしている。ただ、決定的に違うのは、国家や自治体は実際に全員加入を強制し、かつ税金という会費すらも強制的に徴収する強制力＝権力を保持していることである。この点は決定的な違いである。しかし、実はある意味、活動の原理という点では、町内会や労働組合とよく似ているのである。この点も本書を理解するうえで肝要な点なので、よく覚えておいてほしい。

そして、これらの団体に共通する組織としての目的が、実は「共同防衛」という点にある。この点のついても次章で詳しく論ずることにしたい。

†本書のねらい

さて、改めて本書のねらいは、町内会の特質や、その歴史的な成立過程について検討することにある。よく考えると、町内会にはたいへんふしぎな性質がある。普通に考えると成立しがたい団体なのである。本章で紹介した町内会が危機にあるという現状は、私に言わせれば、当然のことであり、避けられないことである。むしろ、これまで存続してきたこと自体がふしぎなことなのである。

ところが、実はその存在は国家や自治体の立場からすると、たいへん都合のよいものである。だから今でも行政は躍起になってその存続を図っている。そのことがかえって町内会には重荷になって、事態が悪化しているのは、すでにみたとおりである。

それでは、なぜ、そんなふしぎな住民組織が成立し、存続してきたのか。これが本書の課題である。本書はそれを歴史的な偶然であると考える。それゆえ町内会の歴史的な成立過程に注目するわけである。

さらに、ここでひとつ本書が抱いている大胆な仮説について述べておきたい。それは町内会は、欧米の近代化の歴史において労働組合が担った役割を、実は日本の近代化の歴史の中で担ってきたという仮説である。この段階では荒唐無稽な話に聞こえるだろう。しかし、私は大真面目にそう思っている。労働者大衆が歴史の表舞台に登場し、自らの生に自ら関与することを望んで自律と自治を求めた大衆民主化の時代に、それを受け止めた大衆組織が、欧米では労働組合であったのにたいして、日本では町内会だったのである。

それゆえに、欧米諸国と日本ではその後の民主的な自治と統治のあり方が、かなり異なったものになったのである。大衆民主化という近代の普遍的な歴史の動力や方向性に変わりはなくても、具体的にそれを担う人々の社会的な位置やその組織のあり方は、それぞれに特殊な形態でもって歴史的に現実化する。そのことで、社会全体のあり様が異なってくるのである。それは同じ資本主義の下での近代化や都市化であっても、現実にはさまざまに多様な形態がありうるというポスト・コロニアリズムの発想にも通じるものである(Robinson 2006, 2022; Roy 2016)。

いずれにせよ、本書では町内会という卑近な対象を通じて、日本という社会における統治や権力のあり方に迫ってみたい。そのうえで、さらに町内会という身近な対象を、今後どのようなものとして位置づけていけばよいかを考えてみたいと思う。

第二章

町内会のふしぎな性質

前章で、町内会を「共同防衛を目的とする全戸加入原則をもった地域住民組織」と定義しておいた。この定義は決して一般的なものではなく、筆者が独自に提唱してきたものである。そこで本章では、この結論に至った理由について、ひとつひとつ論じていきたい。

まず町内会のふしぎな性質として、これまでよく議論されてきたことを紹介していく。次に、それらいくつかの特質を全体として明確に位置づけることのできる理論的な概念について検討する。そのうえで、この理論的説明が具体的な歴史過程に即して、どこまで適用できるかについても、検討してみたい。いわば町内会というものの本質を構成するものが何であるかを明らかにしようとするのである。

つまり、本章では町内会とは何かについて考えてみたい。

なお、本章では所々で著名な研究者の議論との関連や、社会科学上の方法論について論じた部分がある。興味のない方は読みとばしてもかまわないので、先に進んでいただければと思う。

†町内会の特異性

さて、町内会・自治会については、これまでいくつかの特質があることが指摘されてきた。最初にそれを定式化したのは、中村八朗という社会学者である。中村は、一九五〇年代後半の東京郊外の日野市や三鷹市における町内会の綿密な調査にもとづき、町内会には次のような五つの特質があることを明らかにした（中村八朗 一九六五）。

①加入単位は個人でなく世帯であること
②加入は一定地区居住に伴い、半強制的または自動的であること
③機能的に未分化であること
④地方行政における末端事務の補完作用をなしていること
⑤旧中間層の支配する保守的伝統の温存基盤となっていること

このうち五番目の保守的伝統の温存基盤になっているという指摘は、時代的な制約があったようで、現在ではあてはまらないと考えてよいだろう。政治学者の辻中豊らが二〇〇

六年に行った全国調査によれば、「これまで言われてきた自治会が保守の支持基盤という議論は支持されない」という結論が導き出されている（辻中ほか 二〇〇九）。中村自身も、すでに一九五〇年代後半の前述の調査における知見として、団地の自治会では革新系の議員を支持し、行政の下請事務を拒否する動きが見られるとして、④と⑤の特質は歴史的な制約をもつのではないかと論じている（中村八朗 一九六二、一九六四）。しかし④については、辻中らの二〇〇六年の調査においても、あらゆる都市規模、組織規模、発足時期の違いにかかわらず、すべての自治会類型において共通に支持されており、現在でもなくなっていない。

辻中らはこれを全国規模で規定する中央政府＝国家の歴史的な政策の影響として、「国家政策の遺産、制度遺産（institutional legacy）」であると述べているが、私はこれを「統治性」の問題として、後ほど取り上げてみたい。いずれにせよ、中村のあげた特質のうち、④と⑤については歴史的制約をもつものであり、⑤の保守的伝統の温存基盤についてはすでに失われているが、④の行政の末端事務の補完作用については現在も維持されていると整理できる。

これにたいして①から③までの特質は、いわば歴史貫通的な性質と考えられるが、②については現在ではすでに文字通りにはあてはまらない。町内会が任意加入であることは今では自明のことである。しかしながら、町内会ができれば全戸に加入してほしいと考え、実際に全戸加入を前提とした活動をしていることについては、すでに論じたとおりである。そこで、ここではこの②の特質を全戸加入を原則とすると読みかえておきたい。また、③の機能が未分化というのは、町内会の活動が特定のものに限られず、さまざまな内容にわたっていることを意味する。

さらに、その後もうひとつの特質としてよく指摘されるようになったものに、ひとつの地域にはひとつの町内会しかないという排他的地域独占という性質がある。中村の規定に加えて、倉沢進が重視したもので（倉沢 一九八七）、最近では日高昭夫が「地域占拠制」として指摘している（日高 二〇一八）。

そこで、中村八朗の定式化にその後の議論を加えて、現段階での町内会・自治会の特質については、次のように整理できるだろう。

①加入単位は個人でなく世帯であること
②一定地区居住者の全戸加入を原則とすること

③機能的に未分化であること
④一定地区にはひとつの町内会しかないこと
⑤地方行政における末端事務の補完作用をなしていること
⑥旧中間層の支配する保守的伝統の温存基盤となっていること

このうち⑤と⑥については歴史的な特質であり、⑤はまだ維持されているが、⑥についてはもはや一般的なものではなくなっている。

†町内会の理論的説明を求めて

⑤と⑥が町内会の歴史的に制約された特質であり、将来的に変化する可能性をもつのにたいして、①から④までの特質は歴史貫通的な、町内会という組織が原理的に有する性質と考えることができる。であるとすれば、この四つの特質をもつ組織とは、いかなるものであるのか。言い換えれば、これらの特質を必然的にともなう組織としての本質はいったいどこにあるのか、という理論的な課題を問う必要がある。

少し話がむずかしくなってきたので、関連する事柄でひとつ具体的な例を挙げることにしよう。ボランタリー・アソシエーションとよばれる集団の概念が社会学には存在する。日本語では自発的結社と訳されてきたものである。この集団にもいくつか知られている特質がある。個人の自由で自発的な意思を前提とすること、特定の限定された目的をもつこと、加入や脱退が自由であること、頻繁に組織されたり解散したりすること、などである。

近代社会においては、このような社会集団が一般的であって、それゆえ町内会の特質は近代的な社会集団とは異なっているとよく言われたのである。これにたいして日本語で共同体と訳される、英語でいえばコミュニティという社会学の概念も存在する。こちらは血縁や地縁にもとづく網羅的な組織で、何らかの共同性に依拠する凝集性の高い組織であり、永続的なものであるとよく指摘される。

さて、これらいくつかの特質が指摘される概念には、それぞれそれらの特質を束ねる本質的な側面が存在する。たとえば、ボランタリー・アソシエーションならば、個人が自らの目的を達成するために結成する自由な組織という側面が本質的である。したがって、加入単位は個人であり、加入や脱退は自由であり、特定の限定された目的をもつ。その目的が達成されればなくなってしまう。共同体の場合は、個人の自由な意思というよりも、維持すべき共同性が強く共有されているので、血縁や地縁によって永続的な凝集性を示すのである。

このように理論的な概念とは、ある現実的な対象を理解するうえで、特定の本質的な側面に焦点をあてることで、他の諸々の特質をそこから統一的に理解できるようにする論理的に一貫した構築物と考えることができる。著名な社会学者であるマックス・ヴェーバーの提起した「理念型」も、そのようなものである（ヴェーバー 一九九四）。

ヴェーバーはある立場から論理的に一貫した概念を一つの典型として構築し、それを歴史的現実と照らし合わせることで、多様な現実をより整理して理解できるようになると考えた。「目的合理的行為」と「価値合理的行為」、「伝統的支配」・「合法的支配」・「カリスマ的支配」などの概念は、いずれも封建制から近代への歴史的な移行過程を分析するうえで、有用な概念として構築されている（ヴェーバー 一九七二）。

それゆえ、理論的な概念の優れた定義とは、すべての性質をおしなべて指摘することではなく、すべての性質を導出できる本質的側面を鋭くえぐるものなのである。それでは、町内会の歴史貫通的な四つの特質を統一的に理解できるような理論的な概念規定について、これまでどのような議論がなされてきたのかを紹介しよう。

†中田実の地域共同管理論

そのような議論は、いわば町内会の基本的な機能を明らかにしようとする議論と考えることもできる。町内会の機能論については、これまで多くの議論がなされてきた。たとえば、菊池美代志《みよし》は町内会の機能を次の六つに整理している。「(1)親睦機能（運動会・祭礼・慶弔など）、(2)共同防衛機能（防火・防犯・清掃など）、(3)環境整備機能（下水・街灯・道路の管理・維持）、(4)行政補完機能（行政連絡伝達・募金協力など）、(5)圧力団体機能（陳情・要望）、(6)町内の統合・調整機能」である（菊池　一九七三、一九九〇）。町内会の機能を網羅的に整理した議論としてはたいへん有用なものであるが、町内会の特質を論じた議論と同様、それらを統一する基本原理を指摘したものではない。

そのような意味でもっとも基本的な機能を明らかにしようとした議論に、中田実の地域共同管理論がある。中田はそもそも「地域社会とは、人びとの生産と生活にかかわる、さまざまな範域（領域）と程度における地域共同管理組織である」としたうえで、「地域社会は多様な範域のものの重層によってなりたつが、それぞれの層において相対的にまとまった共同（自治）の単位をなして地域を管理し、そのことによって構成員の生活の再生産を保障」している。したがって町内会や部落会は、市町村や都道府県に連なる各段階の末端に位置する共同組織ということになる。そして地域共同管理の機能は「地域内の土地（利用のあり方）とそこでの「共同的社会的消費手段」を中心とする地域生活（生産）諸条件に働きかけて、構成員が継続して、有効に利用しうるように、これを適切な状態に維持・改良し、さらにそのために構成員（…）を秩序づけること」を意味する。

ここで中田が具体的に念頭においているのは、農村や漁村における入会地や漁場である。土地や空間の共同的な利害を守るために、何らかの地域住民組織がその利用や所有を管理してきた事実に注目しているのである。そこから町内会についても、この地域共同管理機能が本質的なもので、町内会や部落会の「機能の包括性や未分化は、否定的にではなく、むしろ総合性として積極的に評価されるべきものとなる」というのである（中田 一九九三）。

全戸加入を原則とする地域住民組織が取り組むべき機能として、土地や空間をめぐる共同管理を想定するのは、それなりに説得的な議論である。しかし、それはどちらかというと、農村や漁村を想定した部落会や自治会に適合的な議論であって、都市部の町内会では想定しづらいところがある。

確かに道路や公園、景観などの共同管理を想定することはできるが、都市の場合、主に公的な主体による管理が思い浮かぶのであって、村落のように住民による共同管理を考えることはむずかしい。なにより地域共同管理がもっとも基本的であると言われても、何のために共同管理するのかという、さらに本質的な機能が別にあるように思えてしまう。町内会の本質規定として、地域共同管理はある程度納得できるものではあるが、今ひとつしっくりこないところが残るのである。

†安田三郎の町内会＝地方自治体説

その意味では、中田よりもずいぶん前に提出された議論ではあるが、町内会の理論的な解釈として、はっとさせられる衝撃的なものに、安田三郎の議論がある。安田は、中村八朗が定式化した五つの町内会の特質について、それらは町内会を社会集団と考えたがゆえに近代的な組織として疑問が生じたのであって、「町内会を地方自治体と考えるならば、次のように、町内会の特殊な集団性格に関する疑問はその大部分が氷解する」と論じている（安田　一九七七）。

近代化によって確かに一般的な社会集団は、特定の限定された目的をもち、個人単位の任意加入を原則にするようになったが、国家や地方自治体は近代社会になっても、包括的な機能を果たし、成員を強制加入させている。世帯単位という点は異なるが、町内会を地方自治体とみなすならば、少なくとも強制加入と包括的機能という二つの性質については、何のふしぎもないことになる。

また、「町内会が地方自治体ならば、より上級の地方自治体と密接に協力し補完し合うことは理念上では極めて自然である」と述べている。さらに、安田は世帯加入についてはは「個人よりも家（又は世帯）を優先させる集団主義の一つの現れ」と解釈しているが、国勢調査の単位が世帯であることや、住民票が世帯単位にまとめられていることなどを考えるならば、自治体としての便宜上の扱いと共通するとみることもできる。そのうえで安田は町内会を、欧米の歴史で言えば、本来、地方自治体へと自生的に成長していくべきであったものが、日本の近代化の歴史の中で、別途上から地方自治体の制度が整備されたがゆえに、「私生児扱い」されてきたのだと論じている。

安田の議論はかなり早い時期に公にされていたにもかかわらず、町内会に批判的な論者には長い間、無視されてきた。それを倉沢進が、町内会のもうひとつの特質として、ひとつの地域にはひとつの町内会しかないという排他的地域独占の特質を付け加えるとともに、再評価したのである（倉沢　一九八七）。

†鳥越皓之の本質起源論

これとよく似た議論として、現在自治会・町内会の起源論として一般的によく指摘されるものに、鳥越皓之《とりごえひろゆき》の地域自治会の本質起源論がある。他に、日高昭夫や名和田是彦も同様の指摘を行っている（日高 二〇一八、名和田 二〇二一）。鳥越は実際の自治会の起源をたどると、明治期の衛生組合から始まったり、戦後の町内親睦会から始まったりした例が多く、この意味で「実態起源」としては多様であるが、地域自治会の本質的な性質を示す「本質起源」は、次のようなものであったと論じている（鳥越 一九九四）。

明治一一年（一八七八年）に地方三新法が制定され、「地方税規則」で従来の民費が地方税に入るものと、それ以外の協議費に分けられることになった。そのときに、役場の責任からはずされた後者の協議費の受け皿として組織されたのが地域自治会であったというのである。つまり本来は一体としてあったものが、その一部が公的に制度化されたので、残りの部分が民間組織に残されたのだという。すなわち「本質起源」的な言い方をすれば、地域自治会は行政機関から枝分かれしたことになる。

このような議論は実は新しいものではない。かつて中村八朗と町内会をめぐって激しく論争した秋元律郎が、かなり早い時期に実証的に明らかにしていた議論である（秋元 一九七一）。つまり、安田や倉沢が淡い期待を抱いたような、本来地方自治体へと進んでいくべき日本人の自生的な地域組織というわけではなく、もともと行政組織に起源をもつ補完的な住民組織であったというわけである。

†部落会と町内会

しかし、この現在有力な説にはひとつ難点がある。確かに村落の部落会や自治会ならば、近代以前から国家権力にもとづく行政組織とそれに対応する住民組織が存在していた。しかし近代以降の都市化の過程では、それまで行政組織がなかった地域にも町会ができていったはずである。もちろんそこでも行政からの強い勧奨があったことや、鳥越のいう実態起源とは異なる本質起源論があてはまるのかもしれない。

しかし、ここではとりあえず村落の部落会＝地域自治会と都市の町会ないし町内会を分けて考えてみたい。結果として鳥越のいう本質起源論があてはまるとしても、明治以降の村落の部落会と大正から昭和にかけて成立した都市の町内会には若干の違いがある。そのことが狭い意味での町内会の歴史的な意義を、それ以前の部落会と区別するものであると考えておきたい。このことはいずれ明治地方自治制から戦後の町内会体制への歴史的な移行過程を分析することで、より明らかになるだろう。明治地方自治制は確かに本質起源的な原型を形成したかもしれないが、町内会はあくまで近代の大衆組織としての独自性をそれに付け加えたのである。詳しくは第三章と第四章で考えることにする。

†共同防衛という本質的機能への着目

さて、話が少しずれ始めてしまったが、町内会の特質を統一的に理解できる理論の検討に話をもどすことにしよう。町内会を社会集団ではなく地方自治体と考えるという安田三郎の理論的な問題提起は、画期的であった。鳥越らの行政組織から分かれた住民組織と考える本質起源論も、自治会・町内会のふしぎな性質をよく説明するものである。

しかし、いずれにせよ自治会・町内会は国家や地方自治体そのものではなく、あくまで民間の住民組織であることに変わりはない。したがって自治会・町内会をそのまま地方自治体であると規定するわけにはいかない。あくまで地方自治体のようなものだといえるだけである。だとしたら、自治会・町内会と地方自治体の共通性を示すと同時に、それぞれが異なるものとして存立しうるような理論的な規定が別途必要である。中田実の地域共同管理はいい線までいっているが、これも本質的とは言いがたい。

そこで筆者が主張したいのが、町内会と地方自治体に共通する「共同防衛」という本質的な機能の存在である。「共同防衛」とは、鈴木栄太郎という社会学者が提起した概念である。鈴木は「聚落社会の基本的機能」を明らかにするという目的で、それを「共同防衛」と「生活協力」の二つにあると論じた。すなわち、人々が聚落を形成して空間的に近接して生活する基本的な理由はどこにあるかというと、それは共同防衛と生活協力という二つの基本的な機能を満たすためであるというのである（鈴木 一九六九）。

生活協力については、当然のこととすぐに理解できるだろう。われわれはさまざまな人や機関と契約や売買などのやりとりをしながら生活している。その際に相手が近くにいるに越したことはない、だから聚落を形成するのだ、というのはわかりやすい話である。それでは、共同防衛とは何かといえば、それらの生活協力を円滑に安心して行うことができるように、みんなでもって気をつけて、災害や外敵の侵入、内的な秩序破壊としての犯罪の発生などを防ぐということである。

鈴木栄太郎はこの二つを基本的な機能としているが、聚落社会の基本的機能という意味では、共同防衛の方がより本質的である。なぜなら生活協力は可能ならば地球上の誰とでも取り結ぶことができるので、実は聚落という地理的近接性にこだわる必要はない。事実、現在われわれは地球の裏側で生産された食物や商品を日常的に消費している。

これにたいして共同防衛は、たとえば地震があって火災などが発生したとき、その場に居合わせた人は、外国人であろうが何だろうが、私は知りませんというわけにはいかないだろう。また内的な秩序破壊者はどこから出てくるかわからない。それゆえ聚落のすべての人が共同防衛に関わらざるをえない。そして、主として技術的な理由から、共同防衛は特定の地域的範域を区切って、その内部の人間がすべて共同で防衛に当たらなければならないのである。すなわち、領域や領土はこの共同防衛の必要から設定されて、その範囲内での全員参加を要請するのである。

†国家、地方自治体、町内会に共通する機能

そうすると、この共同防衛は国家や地方自治体、そして町内会に共通する本質的な機能であることが理解されるだろう。ヨーロッパ中世の都市は城壁に囲まれていて、その内部での安全が保障されていた。この時代は都市が共同防衛の単位だったのである。絶対君主制の国家は徐々に常備軍を備えるようになっていったが、まだ国全体の安全を保障するに

は至らず、都市や領邦主権にそれを委ねていた。それが近代国家の成立によって、国家が国土全体の防衛を担えるようになっていく。それにともなって都市の城壁は取り払われていき、都市の範域がどんどん広がっていく都市化が語られるようになる。

つまり、現代社会では基本的に国家が共同防衛の単位なのである。国家だけが軍隊と警察機構を完備し、国土内のすべての人々からその費用としての税金を強制的に徴収するだけの正当な権力を保持している。地方自治体はその単位として同様の権限を有している。アメリカのように州が軍をもっている場合もあるが、中央政府と地方政府は対等であるとはいえ、軍隊の統帥権は基本的に国家に属している。しかし、地方自治体もその権限の範囲内で共同防衛を担当するだけの権力を有している。

共同防衛といっても、安全の保障だけがその機能ではない。災害時の救援や復興、経済危機にともなう混乱や暴動を防ぐために、景気対策や失業対策、福祉政策などありとあらゆることを行っている。健康保険や年金制度などもそうだし、少子高齢化にともなう将来不安への対策も必要である。

つまり、共同防衛という機能は、いわば公共的な活動の基本原理であり、ある領域内に存在するすべての人々にとって必要なことである。それゆえ、全員の関与を強制しなければばならない。共同防衛という機能を設定した瞬間に、空間的な領域が画定され（排他的地域独占）、その内部での人々の何らかの関与が強制され（全戸加入）、ありとあらゆることを行う必要（包括的機能）が出てくる。安田のいうように、町内会を地方自治体と考えれば、すべての疑問は氷解する。

ただ、町内会は国家や地方自治体とは異なり、全戸加入を強制できない民間の任意団体にすぎない。だから、町内会はできれば全戸加入を実現したいと考えて、全戸加入を原則とした活動、つまりすべての住民にとって必要と思われる、あらゆる活動を行う地域住民組織なのである。中田のいう地域共同管理もその一部である。また、共同防衛という同じ目的をもっているがゆえに、町内会はつねに行政に積極的に協力してきた（末端事務補完）のである。

それでは、なぜそんなふしぎな（「殊勝な」というべきかもしれない）民間団体が成立したのか。それは歴史的な事情としか言いようがない。そこで、本書ではこれからその謎解きに挑戦していきたい。

†町内会成立の典型

町内会は、どのような歴史的な事情で成立したのか。それがここから先の本書の課題である。町内会の歴史的な起源や成立事情については、これまでさまざまな議論が行われてきた。歴史的な事実を探求するかぎり、それは地域によってさまざまである。それらをひとつひとつ追いかけていたのでは、いつまでたってもまとまった知見は出てこない。鳥越皓之のいうように、実態起源ではなく本質起源を見極める必要がある。そのためには、さまざまに存在している事情の中から、後の時代に大きな影響を与える典型的な側面に注目する必要がある。鳥越は地域自治会の本質起源として、行政組織から枝分かれしたという側面を重視し、それを地方税規則の制定にともなう歴史的事情に求めた。これと同じように、町内会が現在に至るまで、誰に頼まれたわけでもなく、何の権限も権力もないのに、町の共同防衛に尽力してきた事情を説明できる、典型的な歴史的事情に焦点を絞る必要があるある。

私はそのような町内会成立の典型事例として、大正から昭和にかけての戦前の都市化過程において、人口が急増した比較的郊外の地域における町内会の成立過程に注目したい。

幕藩期から既存の行政組織が存在していた村落や都市の中心部ではない、比較的新しい街区である。

また、それらの歴史的事情を明らかにするために、「統治性」と「階級性」という二つの面に注目してみたい。

†フーコーの統治性研究

「統治性」とは、国家が人々を何らかの方向にとりまとめていく働きを意味する。ミシェル・フーコーはヨーロッパの歴史において、一六世紀や一七世紀とは違って、一八世紀には人口を主要な標的とし、主要な知の形式としての政治経済学と、主な技術的道具としての治安装置（ポリスないしポリツァイ）をもった、固有の権力形式を行使することのできる国家の統治化がもたらされたと論じている。私たちは現在、この統治＝政府性（governmentality）の時代に生きているというのである（フーコー 二〇〇六）。

フーコーの探究は、統治という言葉が一五世紀以前までは人を導くなどの多様な行いを表現するものであり、あまり国家や政治とは関係しない語であったのが、一六世紀になって初めて君主による国家の統治などの意味で用いられるようになるといった統治の系譜学を構想するものであった（フーコー 二〇〇七、二〇〇八）。そこからキリスト教の司牧まで遡ったうえで、一六世紀以降の新たな統治の問題系として国家理性やポリスが検討される。ここで言う国家理性とは、神や君主とは独立に国家それ自体を保守していく考え方が生まれてくることを意味する。ポリスないしポリツァイとはそれを実現する制度や装置、それらが浸透していく過程や結果に関する議論を指す。この国家理性とそれを実現する治安装置としてのポリスの発展が、諸国家の競合による「ヨーロッパの均衡」という力の政治を生み出すことが、後にフーコーの統治性研究の国際関係論への適用として議論されている（ウォルターズ 二〇一六）。

さらに、一八世紀に至って、人々の集群を統計的に人口としてとらえるエコノミーの発想が生まれることが跡づけられていく。その過程で、癩《らい》病にたいする隔離という主権による強制、ペストにたいする徹底的な市民生活の管理という規律による対応、そして天然痘にたいするセキュリティという考え方を提示しながら、一八世紀以降に、自らの利害にしたがって行動する人口という人々の動きを認めたうえで、これを適切に導こうとする自由主義の統治が生まれることを明らかにしていく。

この自由主義の統治は、市場という独自の秩序にもとづく経済学の生誕とともに成立した市民社会＝社会を、いかにして政治的な意味で統御していくのかという「政治経済学」の課題を示すものなのである（重田 二〇一八）。

このようにフーコーの統治性研究は、ヨーロッパにおける国家＝政府の統治にまつわる知の権力をめぐる考え方や発想の系譜を明らかにし、現在の自由主義ないし新自由主義にまで至る長い歴史的射程を有するものである。国際関係論への適用など、その後、さまざまな展開を示している議論として注目されている。

†「統治性」

ここで私のいう「統治性」は、日本の明治国家が一九世紀に生みだした、地方自治組織を通じて地域住民をとりまとめていく独特の権力形式に関する概念である。それはいわゆる明治地方自治制の成立過程において典型的に発現したものであり、後に成立する町内会体制のいわば原型としての意味をもつ。町内会の成立と存続をうながしたひとつの要因として、日本の国家ないし行政（治安装置としてのポリス）がもつこの独特の統治性を強調しておきたい。この側面は秋元律郎や鳥越皓之が明らかにしてきた、行政組織に起源をもつ部落会・自治会の、主として村落における形態に強い影響を与えている。

あえてフーコーの議論との関連について述べるなら、欧米列強による植民地化の危機という外的条件の下で、明治政府は早急に国家理性とポリスを整備していく。そこでは倹約令などによって普段着る衣服にまで介入しようとした江戸時代の規律権力に加えて、「圧縮された近代」として、すでに直面していた自由主義的な統治をも取り込む必要があった。そこで地域社会における住民の欲望を拾い上げつつ、導こうとする、具体的な地方自治の制度や組織が工夫されていった。つまりは、フーコーがこだわった知の権力にとどまらない、より具体的な社会的制度をも明らかにしようとする概念として、展開しようとしているわけである。

†「階級性」

これにたいして「階級性」とは、町内会を積極的に担うことになった人々の社会経済的な位置づけに関する概念である。生産手段との関係や社会的分業における位置だけでなく、出自や階層的、地域的な移動経験も含めた歴史的な時間の流れの中で把握される概念である。たとえば、マルクスが封建制から資本制への移行の過程で、地主階級に対抗して資本家階級と労働者階級が台頭し、やがて両者が争うようになる階級闘争の歴史を描いたように、大きな歴史のうねりの中で、ある役割を引き受ける一群の人々の特質を階級性ととらえるのである。

町の共同防衛のために全戸加入を求めた典型的な町会の担い手層が、いかなる時間的・空間的な歴史の中に位置づけられる存在であったのか。それをこのような階級性の観点から、論じてみようと思う。そして、そこでは行政組織から枝分かれした村落の部落会や地域自治会とは異なる、都市の町会ないし町内会の独自性を強調しておきたい。それはやがて結果として同じように国家権力の統治性に絡め取られていったとしても、町内会を現在にまで存続させた原動力となったものなのである。

このように、統治性があくまで国家権力の側でのある傾向を意味するのにたいして、階級性は社会の側でのある種の人々のもつ傾向を意味する。それゆえ両者は必ずしも適合するとはかぎらない。とりあえず独立に作用する要因と考えておきたい。したがって、仮にそれらが適合するとしたら、それは歴史の偶然としか言いようがない。偶然であるかぎり、ある時代にかぎって成立するものであって、未来永劫にわたって継続する保証は、何らないのである。

†統治性との関連で

さて、次の第三章では日本における国家の統治性について論じていく。これまで町内会については、その特質を文化的なものととらえる議論が優勢であった。確かに町内会にはそれを主として担ってきた人々の階級性にもとづく、ある種の文化的な傾向が存在したことは否めない。しかしそれ以上に、町内会をそのようなものとして位置づけてきた、国家の側での統治の形式が大きな影響を与えてきたと考えられる。

本書では、町内会の特質の多くは、その担い手層の階級性によるものでも、いわんや日本の文化などでもなく、明治国家が編み出した統治の技術によるものであるという立場をとる。かりにそれが日本の文化的特質であるとしても、それは民衆の生活に根ざした文化ではなく、主として支配的な統治者の側に共有された知の形式とみるべきである。

そのような立場から、一八八八年に交付され、翌年に施行された市制町村制による明治地方自治制の成立過程について、詳しく検討していくことにする。それは明治政府が自由民権運動という民衆の広範な政治参加への要求と対峙する中で編み出した、「芸術品」ともいえる地方自治制度である。そこで生みだされた統治の技術こそが、ある種の原型として、その後の町内会体制にも引き継がれることになる。

†階級性との関連で

次いで、第四章では主として村落において確立した明治地方自治制が、大正期以降の都市化の進展によって動揺し、とりわけ都市において新しい統治の体制が求められていく過程について論じていく。この過程で町の会としての町会が、どのように成立していったのか、またその主たる担い手となる都市自営業者層は、いかなる階級性をもった社会層と考えられるのか、これらがそこでの大きな焦点となる。

本書はここで、都市自営業者層が近代の大衆民主化を担う労働者階級に相応するものであったのだ、という立場をとりたい。それゆえ、欧米において労働組合が労働者階級に国家権力への参加の道を拓いたように、日本では町内会が国家行政への関与の道を拓くことで、近代の大衆民主化の下での人々の社会的上昇意欲に応えたのだ、と考えたい。それゆえに、町内会は自ら町の共同防衛のために、全戸加入原則にもとづく活動を、かくも長きにわたって続けることができたのである。近代の資本主義社会における労働者大衆の社会的台頭という普遍的な出来事が、日本ではどのような特殊な形態をとって実現していったのかを、そこでは明らかにしてみたい。

そのうえで、最後の第五章では、改めて町内会の成立が歴史の偶然であり、このまま続くものではないことをふまえて、われわれはその遺産をどう継承していけばよいかについて、考えてみたいと思う。

第三章

文化的特質か、統治の技術か

†町内会＝文化の型論

町内会の特質は、長い間日本人ないし日本社会の文化的特質のひとつと考えられてきた。最初にそのような考え方を示したのは、近江哲男という社会学者である。近江は一九五八年に発表した「都市の地域集団」という論文の中で、都市化の進行にともない、かつては基礎的であった地縁集団は衰退して、種々の関心にもとづく機能集団が発達するという近代化理論を前提としたうえで、町内会の特質を検討していく（近江 一九五八）。「町内会の性格は、近隣親睦をこととする基礎集団と、共通の利益を追求する機能集団の二つに大別することができる」が、「これが本来両様の性格を具え、かつ複合的な機能を営む集団であるため」、「町内会の個々の活動を両範疇に分類しきることは、厳密には不可能に近い」と述べる。

当時は、このような集団の近代化理論にそぐわない町内会を封建遺制と考え、やがてなくなっていくとみなす議論もあった。しかし、事実はそうではなく「戦後の禁令による廃止にもかかわらず、一般都市は勿論のこと都市化の最先端を歩む巨大都市東京においても、大部分の地区に根強い自生力をもって、これが復活しているのである」（後述の第四章「†

戦後改革と町内会禁止令」参照)。

したがって、「都市化と地縁衰退の理論は、きわめて巨視的には妥当性を失わない」とはいえ、単純なアーバニゼーション＝都市化の理論では説明できないと述べて、次のような仮説を提出する。町内会は「わが国民のもつ基本的な集団の型の一つであり」、「アメリカで社交クラブを作るとき、わが国では町内会を作る」、日本で「ボランタリー・アソシエイションの形式の集団を作っても、いろいろな点でその集団原理になじめないのであろう」と論じている。

†スープと味噌汁の違い

中村八朗もこの議論を援用して、特定の「機能を果たすのに幾つかの集団形態が考えられるのに、なぜそのうちの一つの形態である町内会形式がとられるかは、構造機能分析では説明できず、ここに文化的要因を考慮する必要が生ずる」と述べて、「町内会を文化型とする見方」が妥当であり、「その場合の相違は単に文化の差として、スープと味噌汁の違いにすぎない」としている(中村八朗 一九六五)。

ここで中村のいう「構造機能分析」とは、当時一世を風靡《ふうび》していたタルコット・パーソンズという社会学者が提唱した理論である。社会システムが作動するためには、いくつか満たされていなければならない機能的要件が存在し、それらの機能を果たすために相対的に安定したパタンとしての構造が存在するとする理論である。ある機能を果たすために、特定の構造が存在するわけだが、同じ機能をはたす構造にはいくつかのバリエーションがあって、どのような構造が選ばれるかは、パーソンズの構造機能分析では特定できないという議論があった。中村はこの議論を念頭においているわけである。ちなみに、パーソンズの構造機能分析は、その後ニクラス・ルーマンによって批判され、ルーマンはこの点を「機能的等価性」の問題として考察している。

いずれにせよ、中村は「近代集団の原理にことごとく相反する」からといって否定するのはまちがいで、担い手などの条件によって一般通念とは異なる自治会・町内会も見出せるのであって、「新たな組織をつくるよりはこれらの既存の組織の換骨奪胎をはかる方が、コミュニティ形成への有効な戦略となりうるのではなかろうか」と論じている。

†日本人の自治感覚

他方、行政学者である中川剛《ごう》は、「制度のみでは知りうるところがいかにも少く、自身の価値尺度が、欧米近代のそれにひきずられがちであることを認めないわけにはいかなかった」としたうえで、町内会を研究課題に取り上げる。

そのうえで英米の自治感覚の基底には「「契約」型社会の自治」として、憲章のかたちで確認された「生活様式の前提となる信条」を共通とする「コミュニティ」の規範がある。これにたいして、日本の自治感覚の基底には「「秩序」型社会の自治」として、「人間関係の場がそこに成立している」ことが重要であって、「盟約によってではない」という側面がある。つまり「具体的な人間関係によって形成された集団を通じてのみ、より大きな単位に結びついていく」のであって、「感性的な結びつきを基本としながら、観念的な結びつきを可能にしていくのが、日本人の秩序感覚であるといえるのかもしれない」と論じている。

この中川剛『町内会——日本人の自治感覚』が出版されたのは、一九八〇年のことである。これをみて二〇二〇年代に入った日本人はどう感じるだろうか。先に紹介した町内会を脱会したことでごみ集積所を使えなくなった住民が自治体に対処を求めたのは、地方公共団体としての盟約に従っただけのことではないのか。それをもはや崩壊した具体的な人間関係のもとに押し戻そうとしているのは、人々の文化的な特質などではなく、行政権力による強制ではないのか。具体的な人間関係への忖度《そんたく》ではなく、法的に確認されたルールに従ってくれと思う日本人は、今や決して少数派ではないだろう。

†日本的統治の特質

これらの議論にたいして、町内会などの社会的制度に日本の行政の特質があることを一貫して追究した人物に、同じく行政学者の高木鉦作《しょうさく》がいる。高木の死後に編纂された『町内会廃止と「新生活協同体の結成」』を辛抱強く読み通すならば、それがよくわかるはずである（高木 二〇〇五）。

この編書は、戦後アメリカ占領軍によって町内会が廃止された直後に、町内会に代わる新しい「生活協同体」の結成が、内務省および東京都の主導によっていち早く模索されたところから、その検討が始まっている。高木は町内会に関するありとあらゆる行政文書を渉猟し、日本の行政が一貫して町内会や部落会のような地域的組織を活用し、協力を求めることで、人々を統治してきたことを明らかにしている。この本をよく読めば、戦後町内会・自治会に関して論議されてきたことのすべてが、高木によって決着をつけられていることがわかるだろう。

同じような議論として、直接町内会を扱ったものではないが、村松岐夫《みちお》の「最大動員システム」という議論がある。日本の行政が、国際的に見て、公務員数、財政規模、権限において、きわめて小さいにもかかわらず、その事業範囲は決して狭くない。そのことの理由を村松は、市民社会組織をも含むネットワークを形成して、活用できる社会的リソースを最大限に活用する「最大動員システム」によって行政の諸事業を遂行しているからであるとする（村松 一九九四）。

ただし、そのため政府と市民社会組織の間の境界が不明瞭になり、行政責任の問題が宙に浮いたり、政府優位の不平等な権力関係が形成されているという批判もある（伊藤 一九八一、武智 一九九六）。辻中豊らは、自治会・町内会が「行政の下請や末端組織であるという批判」を受けてきたのは、「このような日本の行政の特徴を反映してのものだといえる」と論じている（辻中ほか 二〇〇九）。

筆者はこれまで町内会について言及されてきた文化的特質の少なくとも大半は、このような行政権力の側の統治の仕組みによるものであると考えている。もちろん民衆の側にそれを受け入れるだけの素地があり、そこに民族が歴史的に培ってきた文化的特質が関係しているということまでを否定するつもりはない。しかし、まずは国家権力の側の統治の技術としての側面と、そこにおいて引き継がれてきた伝統に注目してみたい。

以下、本章では明治維新以降の日本の近代において、行政と住民の間に地方自治に関するどのような社会的な制度が形成されてきたかについて、詳しく見ていくことにする。それはまさに自治会・町内会をめぐる「統治性」の原理を示すものなのである。

具体的には、明治の中頃に「市制・町村制」という法律によって制定された明治地方自治制の成立過程を検討する。この地方自治の巧みな仕組みが、いわば今日の自治会・町内会へと至る原型としての意味をもつからである。

†原型としての明治地方自治制

明治維新によって成立した新政府は、富国強兵・殖産興業によって、いち早く欧米諸国に追いつくことで、植民地化の危機を免れることが急務であった。そのため中央集権的に一挙に近代化を進める必要があった。ところが、維新という革命は下級武士だけでなく、地主層を含んだ農民たちにも解放の希望を抱かせるものであった。それゆえ藩閥政府への反発から始まった自由民権運動は、やがて地方の豪農層を含めた広範な民衆運動へと展開していく。いわゆる士族民権から豪農民権へという展開である。

地方の豪農層は自分たちの生産力が税金によって中央に吸い取られる中央集権的で性急な近代化にたいして、政費節減によって地租などの国民の負担を軽くする「民力休養」を求め、地方分権的で漸進的な近代化を主張して、国家の意思決定への関与を強めていく。

このような自由民権運動と明治政府の対抗関係の中で、明治地方自治制が成立していったのである。明治地方自治制は地方の生産力を中央に集めることを、地方の農民たちの政治参加の要求を受け止めつつ、実現する必要があった。地方の農民たちが政府の意思決定に関与する権利を獲得するとともに、自ら進んでその生産力を中央に差し出すことに合意することが求められた。そのような困難を実現する統治の仕組みが、いかにしてできあがったのか。それをこれから見ていくことにしよう。

†大区小区制と地租改正反対一揆

明治新政府は、まず廃藩置県(一八七一年)によって府県制度を実施して藩体制の変革を行ったが、この時点ではまだ町村制度は旧来の組織がそのまま存置されていた。次に戸籍法が制定され、人口調査と戸籍編成が進められていく。明治国家はこうしてまず領土内に存在する人口を把握することで、中央集権的な近代国家としての礎をいち早く固めたわけである。

このとき新たに区を設け、その下に戸籍吏として戸長・副戸長をおいた。この戸長がやがて旧来の村役人と権限を争うようになったので、村役人を廃止して、戸長・副戸長に権限を一本化し、これらを統括する大区に区長を置き、小区に副区長をおくことになった。これが大区小区制の始まりである。旧来の町村をいくつかまとめて小区とし、さらにそれらを束ねて大区とした。旧町村には準官吏がおかれたが、村の総代や寄合の機能は廃止され、幕藩期の村落の区域はすべて否定されたわけである（大石 一九九〇）。

そのうえで行われたのが、地租改正（一八七三年）である。地券を配布して土地の所有者を確定し、地価にもとづく納税の義務を課したのである。地券の交付を受けた者は、自らの土地の所有権を国家によって認められると同時に、納税の義務を負うわけである。まさに近代的な意味での私的所有権の確立である。

江戸中期から事実上土地を集積しつつあった地主層は、このとき地券の交付を受け、本格的に私的な土地所有者となった。小作人はもちろん、自作層にも納税を忌避して、地主に地券を委ねる者がいた。村の共有林についても代表して地券を受けた地主もいたが、そのような地主が存在しなかった村の共有林は、国家が接収して、やがて皇室の財産となっ

伊勢暴動。1876 年 12 月、三重県で起こった明治期最大の地租改正反対一揆は愛知・岐阜・堺各県にまで波及した。

ていった。こうして天皇家は日本最大の大地主になるのである。国家の所有となった共有林は囲われて出入り禁止となり、共有地の便益を失った農民たちの反発を招くことになる。

この地租改正こそが土地の所有権を制度化し、国家の財政基盤を固めるものであった。当初地価の三分（三パーセント）が納税額と定められたが、この税負担が江戸末期とほぼ変わらなかったことや、共有林から閉め出されたこと、そしてなにより幕藩期の旧町村の区域が否定され、その指導層であったかつての村役人が、大区小区の戸長よりも下におかれたことが、村落の実質的な社会的指導層であった豪農層を刺激することになる。全国に地租改正反対一揆が巻き起こり、明治政府は三分と定めた税率を二分五厘に引き下げざるをえなくなる。これが「竹槍でどんと突き出す二分五厘」である。

†村落の社会構造

さて、このときの村落の社会構造について述べておこう。日本の村落の社会構造については、同族結合と講組《こうぐみ》結合という二つのタイプが存在した。同族結合とは、在村の手作地主である本家と、それに従属する血縁非血縁の小作人分家の主従的な縦の関係を軸とする村落の類型である。主に東北を中心とした東日本に多く存在したといわれる。これにたいして講組結合とは、ほぼ同等の家によって構成される横の関係を軸とする村落の類型で、身分的な主従関係ではなく、同等の家による合議制や輪番制が優越する。こちらは関西を中心に西日本に多く分布していた（福武 一九八六）。

ここでは明治地方自治制の仕組みが典型的にあてはまる同族結合を基本とした村落のタイプを想定しておきたい。いうまでもなく実際の現実は多様である。そうでない類型が多数派であることも多い。しかし支配的な制度が成立する時は、つねに特定のタイプの現実が典型として取り上げられる。そこには明らかに特定の権力が作動しているのだ。そこで本書では、これ以降もそのような意味での代表的な、しかし実は特殊な類型をあたかもそれが一般的であるかのように論じていく。支配的な制度の変遷を理解するうえでは、それがとりあえず理解しやすいからである。前に紹介したヴェーバーの理念型の方法と同様に、支配的な制度に対応した理念型を想定して、それが典型的にあてはまる地域や類型を念頭において説明していくのである。

しかしながら、実際にはつねにそれとは異なる現実が厳然として存在している。支配的な権力の下に収まりきらない、そのような多様性こそが次の時代を準備したり、歴史の創造性をもたらすことを決して忘れてはならない。今後は特に断らないが、本書の叙述の仕方や説明は、つねにそのような留保つきのものであることを理解しておいてもらいたい。

この意味での当時の典型的な村落の社会構造は、次の通りである。大区小区制によって行政区画としては認められなくなるが、農民の実際の暮らしの単位としては、幕藩期の村落の区域が維持されていた。一般に「部落」とか「大字《おおあざ》」と称される地域で、社会学では「自然村」という言い方をする。決して「自然」ではなく、幕藩期の行政村だったのだが、後で説明する明治の合併の際に成立する「行政村」にたいして、慣習的に残った村の区域のことを「自然村」とよんだのである（鈴木 一九六八）。

この範囲には当然幕藩期に村方三役を占めた有力な地主の家がいくつか存在した。このような地主本家の下にそれぞれ土地を借りて農耕に従事する小作人分家が連なっていた。小作人にはどこかの時点でその村に定着した家や、もともと自作農であったが、困窮して有力な地主に土地を質に出すかたちで分家となった家などが存在した。江戸中期からこのような事情で土地を集積していった質地地主の台頭があった、とよく指摘される。他に、本家の次三男が独立して分家となった家や自作、自小作、小自作、雇いなどの階層に分かれていた。村の区域に土地所有にもとづく異なる階層の家々が集積し、地主と小作の関係を中心に、さまざまな共同が家と家との関係として組織され、ひとまとまりの地域共同体を形成していたのである（有賀 一九六六）。

そこで、ここでの階層の区分を次のように設定しておきたい。全体を①大地主層、②中小地主層、③自作上層、④自作下層、⑤小作層の五つに分け、①大地主層は五〇町歩以上の土地所有者、②中小地主層は約三町歩以上、③自作上層は約二町歩、④自作下層は約一町歩、⑤小作層はそれ以下の自小作・小自作・雇いを含む、土地をもたないか、わずかな土地しかもたない農民層としておく（玉野 一九九三）。

この区分は納税額による制限選挙制との対応でいうと、①大地主層が地租一万円以上の郡会大地主議員資格、②中小地主層が地租一五円以上の衆議院議員選挙資格、③自作上層

表1　村落の階層区分

	郡会大地主議員	衆議院選挙権	府県会被選挙権	府県会選挙権
①大地主層（50歩以上 1万円以上）	○	○	○	○
②中小地主層（約3町歩以上 15円〜1万円）	−	○	○	○
③自作上層（約2町歩 10円〜15円）	−	−	○	○
④自作下層（約1町歩 5円〜10円）	−	−	−	○
⑤小作層（上記以下 5円未満）	−	−	−	−

注：カッコ内は土地所有と地租を示す
出典：安良城（1963, 1970, 1972）、栗原（1978）、中村政則（1979, 1985）などから筆者が独自に設定

が地租一〇円以上の府県会議員被選挙権資格、④自作下層が地租五円以上の府県会議員選挙資格にだいたい対応している。府県会郡会とは今の地方議会に当たるもので、時期や場所によってまちまちではあるが、①大地主層は互選によって郡会の議員となることができ、②中小地主層以上は衆議院議員の選挙権と被選挙権を有し、それ以下は地方議会でだけ選挙権のみ有する者（④自作下層）、被選挙権も有する者（③自作上層）、いっさいの選挙権をもたない者（⑤小作層）に区分されるわけである。以上を整理したのが、表1である。

実はこの村落内での階層秩序と制限選挙制による政治的ルートの制限の組み合わせの妙が、芸術品とも言われる明治地方自治制の巧みさを形作るのであるが、それについては後で述べることにし

よう。

†士族民権から豪農民権へ

このような村落の社会構造において、地租改正反対一揆の先頭に立ち、その後自由民権運動を担うことになる「豪農層」とは、いかなる社会層であったのか。いわゆる豪農層を特徴づける一番の特徴は、在村の手作地主であったということである。幕藩期の村落において質地地主として台頭し、小作にその土地の一部を耕させると同時に、手作というかたちで自らも農耕に従事する村落の実質的なリーダー層であった。有賀喜左衛門という社会学者が明らかにしたように、地主として土地を貸与するだけではなく、小作の生活全般にわたってこれを保護し、村落の共同関係を家連合の本家＝親分として支える存在であった(有賀 一九六六)。したがって幕藩期には最末端の村落で村方三役などを務めていたのである。

明治政府による戸籍区の設置や大区小区制の実施は、彼らの地位をすべて否定するものであった。彼らが地租改正に反対し、自由民権運動の中で正当な政治的地位を求めたのは、そのような背景の下においてであった。在村の手作地主として日頃から小作層との共同関係を築いている豪農層が立ち上がるならば、多くの農民はそれに付き従ったのである。こうして一部の不平士族から始まった自由民権運動が、広範な農民を巻き込む民衆運動へと発展していく。まさに士族民権から豪農民権への展開である。

さて、そうすると豪農層はここで設定した階層区分のどこに位置するのだろうか。①大地主層は複数の村にわたって土地をもつ場合が多く、たとえ在村地主であったとしても、もはや自ら手作に従事することはなかった。いわゆる寄生地主とよばれる人々である。②中小地主の多くもそうであったので、豪農層はだいたい②中小地主と③自作上層の間に位置していたと考えられる。政治的には、後に議会ができたときに、衆議院選挙の選挙権をもつかもたないかというところであり、それ以前の府県会では被選挙権をもっていた社会層であったと思われる。在村で自ら農耕に従事するか、しないかという点が、豪農層と寄生地主層を分かつところであり、村落における実質的な社会的リーダーであるか、単なる政治的有力者であるかを分けるものなのである。その後の明治政府と自由民権運動の攻防は、この二つの社会層をめぐって展開していくことになる。

豪農層によって農民の多くが率いられた地租改正反対一揆に、明治政府は地租の税率を下げざるをえなかった。このとき五年後には地価ならびに地租の見直しがなされることが約束されていた。そこで豪農たちの運動はこの改正の時期に向けて高揚していくことになる。

†地方三新法と国会開設の詔

これにたいして政府の側は一八七八年に地方三新法を公布し、ある程度の歩み寄りをみせる。地方三新法は、郡区町村編制法、府県会規則、地方税規則の三つからなり、郡区町村編制法では大区小区制を廃止し、旧来の郡区町村制を復活させるとともに、戸長は民選で選ばれることになった。つまりかつての村役人層＝豪農層の要求に応じたわけである。また、府県会規則では、地方議会に当たる府県会が設けられ、議員は選挙で選出されることになった。このとき地租一〇円以上を納める③自作上層以上が被選挙権を与えられ、地租五円以上を納める④自作下層以上に選挙権が与えられた。つまり豪農層に地方議会進出の機会が与えられたのである（大石　一九九〇）。

しかしながら他方で、郡長は官選で中央政府が任命し、地方税規則では租税の大半が国税として中央に集められることが定められた。このとき、地方自治体の独自財源が少ないがために国による補助金に依存せざるをえないという、現在に至っても維持されている日本の租税制度の骨格が固まったわけである。

それでも、村落の実質的な社会的指導層である豪農層が、府県会という地方議会に制度的な足場を得たことは、その後の自由民権運動の飛躍的な発展につながることになる。こうして地方三新法が公布された一八七八（明治一一）年から一八八一（明治一四）年にかけて、国会開設を要求する請願運動が全国に広がっていく。おりしも明治政府内の対立と混乱もあって（明治一四年の政変）、国会開設の詔が出されることになる。明治天皇自らが国会の開設と欽定憲法の制定を約束することによって、全国に広がった民権運動の激化をなんとか抑えることに成功する（色川 一九八四）。こうして国会開設までの猶予として与えられた十年間に、政府の巻き返しが画策されていく（服部 一九七四a、一九七四b）。

†松方デフレと豪農層の上昇転化

この期間に政府が断行したのが、いわゆる「松方デフレ」政策である。松方デフレは一般には西南戦争で不換紙幣が乱発されたことによるインフレーションを抑制し、その後の日本資本主義の発展を準備したと評価される。しかし一方で、緊縮財政によるデフレーションによって貨幣の額面価値を上げることで、二分五厘から上げることができなかった税率分を実質的に確保しようとしたとも言える。松方デフレの下で、繭《まゆ》や米の農産物価格は下落し、農村の窮乏を招くことになる（服部 一九七四a、一九七四b、色川 一九七六）。

このとき税負担に耐えられなくなった自作農が小作農に転落し、他方で彼らの土地が地主や高利貸しに集積されることになる。つまり、ここでの階層区分で言えば、③自作上層の一部と④自作下層の多くが土地を失うことになり、②中小地主層と③自作上層の一部が土地を新たに獲得することになるのである。それはすなわち豪農層のすぐ下の農民層が分解し、豪農層の一部が寄生地主層に上昇転化する可能性をもたらしたわけである。このとき豪農層の一部が自ら農耕に従事することをやめて、手作地主から寄生地主へと転化し、小作層との間の社会的つながりを失っていったことが想定される（服部 一九七四a、一九七四b、玉野 一九九三）。

他方で、明治政府は官選の県令を通じて、府県会および民権派への圧迫を強めていく。その代表的な例が、県令三島通庸《みちつね》による福島事件であり、この時期、秩父事件や加波山《かばさん》事件などのいわゆる激化事件が相次ぎ、自由民権運動は徐々に衰退していく。その背景に、従来までは小作貧農をも率いていた豪農層の変質があったことは否めない。いわゆる豪農民権から貧農民権への転換である（服部 一九七四a、一九七四b、玉野 一九九三）。

†明治の合併と行政村の形成

他方で、山県有朋《やまがたありとも》はお雇い外国人であったドイツ人のモッセとともに、欽定憲法に先立って地方自治制度の発案に努めていた。軍の責任者でもあった山県は、まず地方三新法によって行政区画として認められた幕藩期の村落を、改めて五つぐらいまとめる、いわゆる「明治の合併」を断行する。これにたいする抵抗は全国に広がったが、山県は軍隊を動員してまでこれを弾圧し、実現させる。

このときできた村を行政村とよんで、旧来の村を自然村とよぶ用法が、農村社会学では一般的になる。旧来の村では学校の維持が困難であるという財政的な事情が、表向きの理由であった。これから述べる仕組みが山県の念頭にどれだけあらかじめ含まれていたかは定かではない。しかし、少なくとも手作地主としての豪農層を社会的なリーダーとする自然村が、そのまま行政村として自治の単位となることを怖れたことは確かであろう。

そして、この合併によって新しくまとめられた行政村を単位として、市制・町村制が憲法発布の前年一八八八年に制定される。これがいわゆる明治地方自治制の成立である。さらに、憲法発布の翌年には、府県制・郡制が制定され、豪農民権の舞台となった府県会が廃止される。

制限選挙制のからくり

さて、市制・町村制が制定された翌年一八八九年に憲法が発布され、国会が開設される。この国会議員の選挙資格には等級制が適用され、衆議院議員の選挙権と被選挙権は、満二五歳以上の男性で直接国税を一五円以上納めている者に限定された。ここでの区分で言えば、②中小地主層以上であり、豪農層の一部ということになる。また、すでに述べたように、以前の府県会郡会では、納税が一万円以上の①大地主層には特権資格が与えられ、一〇円以上の③自作上層には被選挙権が、五円以上の④自作下層には選挙権が、それぞれ与えられていた。

これにたいして市制・町村制では「帝国臣民ニシテ公権ヲ有スル」者として年額二円以上の国税を納める者に市会・町村会の選挙権が与えられている。つまり、以前の府県会では豪農層がそれ以下の自作層の支持を得て議員になることが可能であったのにたいして、

図２　明治の合併によって成立した行政村と自然村の関係

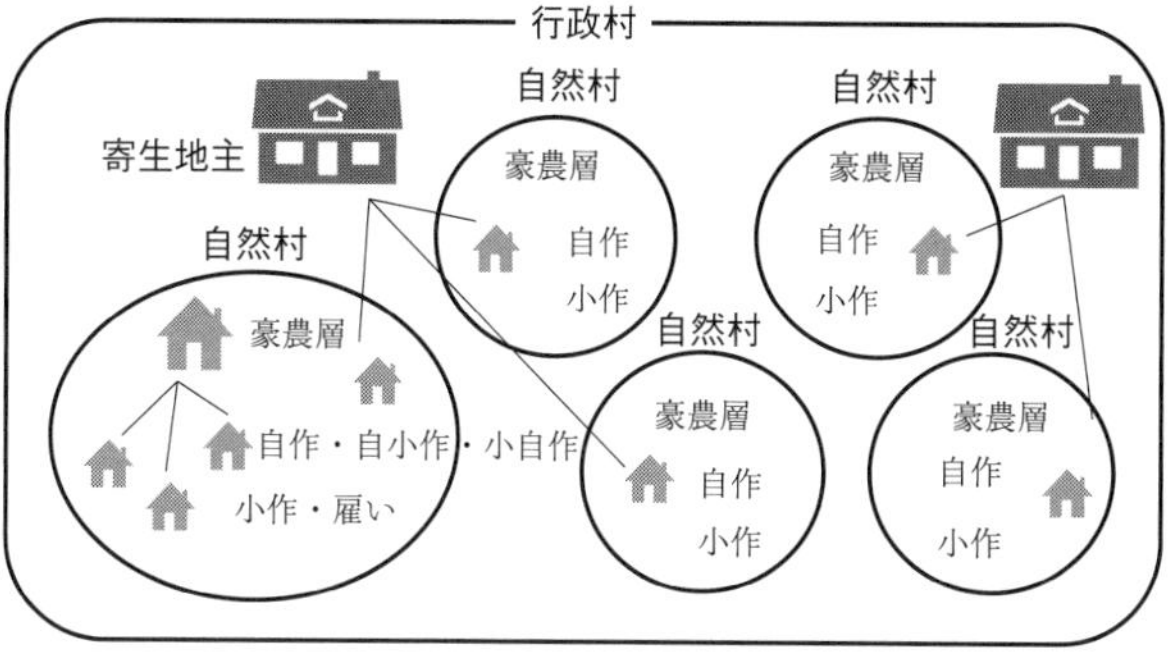

国会には豪農層の一部上層しか選ばれないところに選挙の等級が設定されている。他方、市会・町村会では地租二円以上の、ここでの区分では⑤小作層に属する自作の一部までに選挙権が与えられたことになる。

以上のことから、一般に明治地方自治制は寄生地主層を中心に一部の特権層に政府への関与を認めただけで、大多数の民衆はこれから排除されたと評価される。この点をより詳しく見てみよう。

図2に示したのは、明治の合併によって成立した行政村と自然村の関係を模式化したものである。行政村はだいたい五カ町村を合わせた五〇〇戸あまりを基準としていた。本来の豪農層は自然村の範囲で土地を所有し、自ら農耕に従事するとともに、小作人との関係を保っていた。幕藩期にはこの範囲での村役人層であったわけである。ここを単位とした府県会議員の選挙

では被選挙権をもち、選挙権をもつ自作層に支えられて議員となり、小作層をも従えて民権運動に取り組むことができたのである。

これが明治政府にとっては脅威であった。そこで、国会開設の詔を出した後の一八八四(明治一七)年には、地方三新法と区町村会法を改正して(一七年の改正)、再び戸長を官選で任命することとし、後の行政村にあたる範囲を戸長の所轄区域としている(大石 一九九〇)。このとき戸長に任命されたのは、自然村の内部にしか土地をもたない豪農層ではなく、複数の自然村にわたって土地を所有する旧士族の①大地主層であったと言われる(海野・渡辺 一九七五)。山県有朋はこれを参考に、明治の合併を強行し、行政村を単位とした制限選挙制を導入したわけである。

衆議院議員の選挙資格は、そもそも一五円以上の租税を納めているものに限られるので、自然村の範囲でだけ土地を所有する豪農の下層は選ばれる可能性が低い。したがって行政村内の複数の自然村で土地を所有する①大地主層ないし②中小地主層=豪農上層しか国政には関われないことになる。そしてこの社会層は、一部の豪農を除いて、自然村内には居住せず、居住しても自ら農耕に従事することはない、不在地主ないし寄生地主だったのである。

†区長と区長代理

他方、町村制によって設けられた町村会の議員は、二円以上の納税者なので、豪農層も議員になることができただろう。そして、町村制には次のような規定がある。「区域広闊《こうかつ》ナルトキ又ハ人口稠密《ちゅうみつ》ナルトキハ処務便宜ノ為メ町村会ノ議決ニ依リ之ヲ数区ニ分チ毎区区長及其代理者各一名ヲ置クコトヲ得」。つまり、町村を複数の区に分けて、それぞれに区長と区長代理を置くことができるとされている。これにもとづいて多くの行政村では、旧村の範囲に区を設置し、区長ならびに区長代理を置いたわけである。区長と区長代理は町村会の選挙権をもつ公民からなる区会において選挙で選ばれたので、当然この区長には豪農層が選ばれただろう。

ところが、同じ町村制の規定には次のような条項がある。「区長及其代理者ハ町村長ノ機関トナリ其指揮命令ヲ受ケテ区内ニ関スル町村長ノ事務ヲ補助執行スルモノトス」。つまり区長および区長代理はあくまで町村長の末端機関であり、其の指揮命令に従うべき存在として位置づけられているのである。したがって、村落の実質的な社会的指導層として、⑤小作層をも率いることのできる在村の手作地主である豪農層は、議員として国政に関わることは許されず、区長および区長代理という行政末端の執行機関として、これに協力することだけが求められたわけである。

豪農層が④自作下層に推されて議員として進出し、民権運動の舞台となった府県会も、市制・町村制制定の二年後には府県制・郡制が制定されることで、それまでの直接選挙の制度が廃止されることになる。こうして豪農層は議会という政治的舞台からは遠ざけられ、自然村の中で執行機関として行政に協力するという側面へと水路づけられていくのである。

†芸術品としての明治地方自治制

図3は、以上のような明治地方自治制の仕組みを図式化したものである。町村合併を強行して新しい行政村を構成することで、ここを単位とした政治的意思決定の場には、複数の自然村にわたって土地を所有する寄生地主層を主に迎え入れ、旧村の範囲で手作を維持する豪農層には、区長ならびに区長代理という役職を与えた。そして、その役割をあくまで町村レベルでの行政の執行過程への協力に留めたわけである。

さらに、国政への関与を認められる選挙権は、①大地主層と②中小地主層にかぎられ、ここでもその関与は主に寄生地主層に限定された。すなわち、政策決定を含む政治的意思

図３　明治地方自治制の仕組み

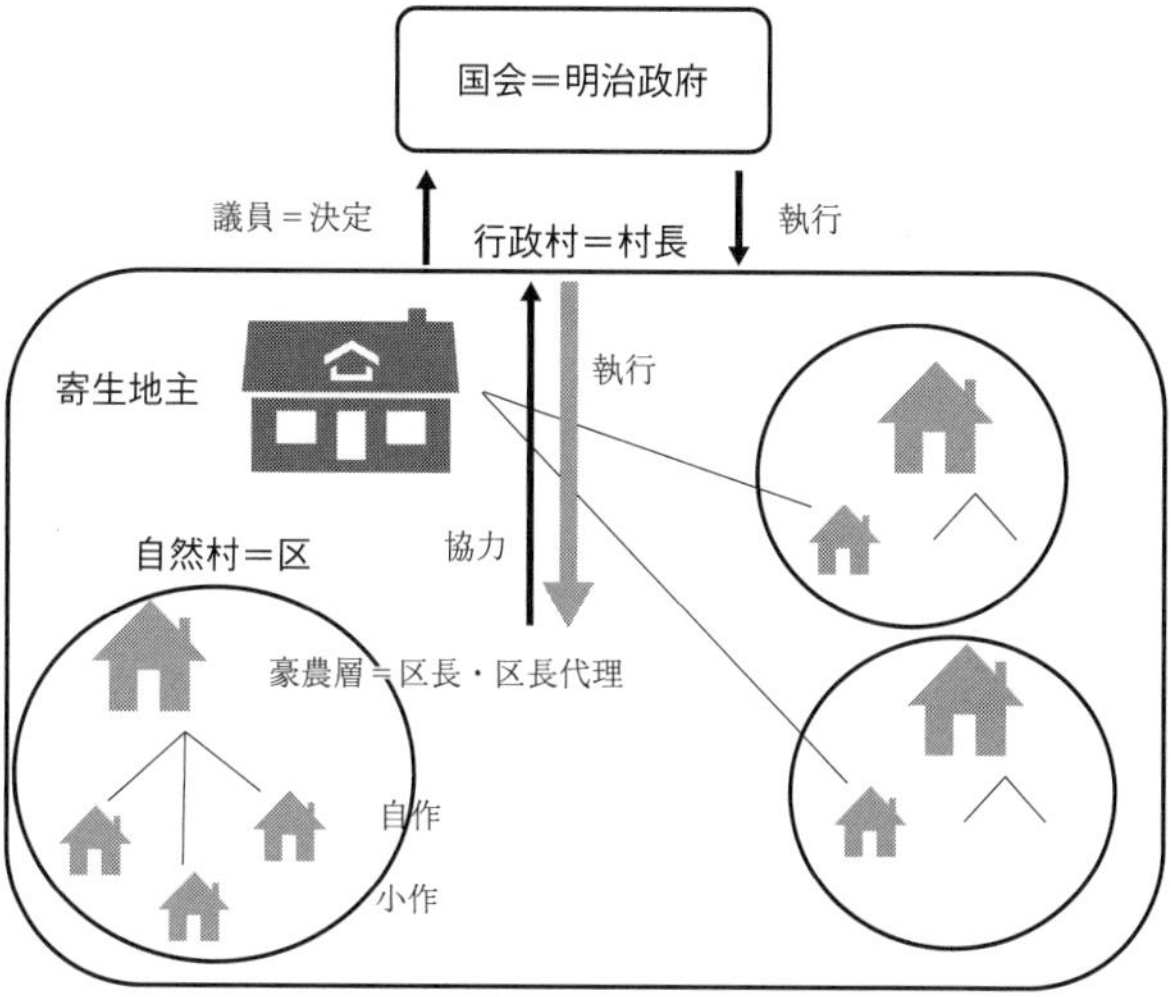

決定への関与は寄生地主を中心とした大地主層に限定し、中小地主層以下は、そこで決められたことをそのまま実行する、行政の執行過程への単なる協力という範囲に留めたわけである（玉野一九九三、二〇二二）。

そこから一般に明治地方自治制は一部の特権層に政府への関与を認めただけで、大多数の民衆はそこから排除されたと評価されるわけだが、ここで重要なのは民衆の排除の形態はそう単純ではないということである。大多数の民衆を率いることのできる村の社会的なリーダーとしての豪農層には、区長および区長代理という役職が与えられた。しかしその空間的範囲は合併の強行によって政治的意思決定の単位としては希釈化されている。つまり、旧村の実質的な社会的リーダーである豪農層は、政治的意思決定からは遠ざけられ、すでに決まったことを執行する行政への協力だけにその権限を限定されるというかたちで、包摂されているのである。単純に排除されたのではなく、社会的指導層を通じて行政に協力するというルートだけが、正式に認められたわけである。

このような仕組みを通じて、明治政府は地方の生産力を中央に集めることへの合意を、地方の農民たちの政治参加の要求を受け止めつつ、調達するという離れ業を実現した。まさに山県有朋苦心の策として、芸術品とまで言われる明治地方自治制の成立である。

†寄生地主制と共同体的秩序の利用

もちろんそのような離れ業を可能にしたのには、それなりの条件が存在していた。明治地方自治制が寄生地主制を基盤とし、村落の共同体的秩序を活用したと言われるのがそれである（大石 一九九〇、石田 一九五六）。

松方デフレによって豪農層の一部が手作を放棄し、寄生地主へと上昇転化することで、複数の自然村にわたって土地を所有する寄生地主だけを国会へと迎え入れるという仕組みが可能になった。それでも初期議会には本来の豪農層もいくらか議員として選ばれたので、「民力休養・政費削減」をスローガンに地方分権による穏やかな近代化を主張して、明治政府の中央集権による迅速な近代化の方針と激しく対立したのである。

他方、実質的な農民の生活の場としての自然村に基盤をもたない寄生地主は、そこに基盤をもつ豪農層の協力なしには立ちゆかない。政治的意思決定への関与なしに、行政の執行過程への協力だけで豪農層の協力を調達できたのは、村落の旧来からの共同体的秩序が生きていたからだろう。大地主層にたいして対等の政治的権利を求めるほど、豪農層も開明的ではなかった。そのことは国会開設の詔が天皇の名で示されたとき、豪農民権が収束に向かったことによく表れている（色川 一九七六）。

それでも初期議会の対立は混迷をきわめ、明治政府は最終的にこの対立を日清戦争の宣戦布告という禁じ手を発動することで収束することになる。議会での議論ではなく、対外戦争に訴えることで国内の対立を収束させるというこの手法が、やがて太平洋戦争の悲劇につながったのだとは、よく指摘されることである。

また、寄生地主たる議員たちも、やがて共同体的秩序にだけ頼るわけにもいかないので、河川の整備などの土木事業を地元に引き寄せることで村落の基盤整備に貢献するようになる。こうして豪農層はいつしか勧農活動や農事改良を通じて生産増強に尽力する篤農家層へと展開し、結果として中央集権による迅速な近代化に貢献することになる。ここに戦後の利益誘導型政治の原型ともいうべきものが成立するのである（筒井 一九八五、中村政則 一九八五）。

†日本的統治の本質

さて、最後に、これまで詳しく見てきた明治地方自治制の成立が、どういう意味で今日の自治会・町内会の原型と言えるのかについて、述べておきたい。

自由民権運動は、下級武士のみならず、豪農層も含めた広範な民衆の政治的権利を求めた民主化運動であった。しかしながら性急な近代化を図らなければならなかった明治政府にとっては、中央集権による迅速な近代化という基本方針を堅持しつつ、その要求に応える必要があった。村落の生産力を実質的に支える豪農層を敵に回したのでは、それが困難であることは、地租改正反対一揆で明らかであった。そのことが地方三新法による豪農層への譲歩を余儀なくした。その結果、府県会に政治的足場をえた豪農層による国会開設の請願運動が全国に広がることで、明治政府は天皇の詔勅で国会の開設を約束せざるをえなくなったのである。

この過程で、村落の社会的なリーダーたる社会層に、直接政治的意思決定への関与を認めることの危険性を、明治政府は悟ったのであろう。そこで、まずこれらの社会層の基盤としてあった村落の合併を強行し、制限選挙制によって政治的意思決定への関与はできるだけ寄生地主層に限定すると同時に、旧村を行政区として区長・区長代理を置き、その役職にこれらの社会層を当てることで、その影響力を政治的意思決定ではなく、行政の執行過程への協力に留めるという方策を施したのである。

実質的に人々を社会的に組織することのできるリーダー層に、政治的意思決定への関与を認めないのは、政府の政策決定の独立性を守るためである。他方で政策の執行過程への協力を求めるのは、政策実現の実効性を高めるためである。この両方の要求を満たすことで、明治政府は中央集権的で迅速な近代化を実現したわけである。

このいわば成功体験が、行政権力の側に独特の統治性を刻印づけることになった。人々を社会的にとりまとめることのできる人や組織を最大限に尊重しながらも、そこからは独立した政治的意思決定の仕組みを巧妙に保持しつつ、政策の実施過程では最大限の協力を取り付けるという形態での人々のとりまとめ方、すなわち統治の形式である。

それは、この後の時代にもはや明治地方自治制が機能しなくなり、新しい統治の形態が求められ、やがて「町内会体制」とでもよぶべき形態が生まれたときにも、日本の行政における統治の原理として引き継がれていくことになる。その意味で、明治地方自治制は町内会体制の原型と言える。それは今日、市民と行政の協働と言いつつも、行政の仕事は全体の調整だと言ってはばからない、よく考えるとふしぎな協働のあり方にも通じるものなのである。

第四章

近代の大衆民主化

――労働者と労働組合、都市自営業者と町内会

†明治地方自治制から町内会体制へ

町内会の特質が、実は行政権力の側での統治の技術に由来するものであったとしても、それを受け入れていった住民の側の事情を問う必要がないということではない。住民の側にもそれを積極的に受け入れていった理由があるはずである。本章では、この側面として町内会の階級性について論じていく。町内会を積極的に担っていった人々の階級性を考えるうえで、その時間的・空間的な形成過程をたどるために、一九〇〇年前後に確立したとされる明治地方自治制のその後の展開から見ていくことにしよう。

初期議会における対立が、日清戦争の宣戦布告によって収束された後に、河川法などの制定を通して、地方への利益誘導の仕組みが成立し、明治地方自治制は徐々に確立していったとされる（筒井 一九八五、中村政則 一九八五）。しかし、それは主に村落の寄生地主制にもとづいたものであり、都市においてはそのままあてはまるものではなかった。

日露戦争の勝利によって明治国家の体制は確立したとされるが、明治地方自治制についてはこの時期から確立と同時に動揺が始まる。それはまず都市において現れるが、やがて村落にも広がっていく。都市の民衆騒擾《そうじょう》から始まり、やがて労働争議が頻発することになり、それに応じて村落でも小作争議が起こっていく。いわゆる大正デモクラシーとよばれる大衆民主主義の時代である。

自由民権運動との対抗関係から、主として村落における統治の形態を確立した明治政府は、やがて都市における民衆騒擾、労働争議、さらには村落における小作争議への対応として、明治地方自治制に代わる新しい統治形態を模索することになる。この模索は村落においては地方改良運動に始まり、農山漁村経済更生運動へと展開していくが（中村政則 一九七九）、これに対応する都市での動きが町内会の勧奨と整備なのである。これらの動きはやがて最終的には天皇制ファシズムの下での部落会町内会整備に帰結することになるが、敗戦と戦後改革によって頓挫することになる。

これらの紆余曲折をへて、戦後一九七〇年代になってようやく、明治地方自治制に代わる都市を中心とした新しい統治形態として、現在の「町内会体制」が確立する、と私は考えている。それはさておき、まずは明治地方自治制の動揺から話を始めることにしよう。

†明治地方自治制の動揺

日露戦争が、表向き日本の勝利として終結を迎えたとき、賠償金すら取れなかった屈辱的な講和をめぐって勃発するのが、日比谷焼打事件（一九〇五年）である。それから十年余りたって米騒動が起こるまでの間、都市の民衆騒擾とよばれる都市暴動が頻発する時期がある（ゴードン 一九八七、中筋 二〇〇五、藤野 二〇一五）。さらに、その後は労働争議が、続いて小作争議が起こり、いわゆる大正デモクラシーの下で、再び政情は不安定化することになる。

とりわけ小作争議は明治地方自治制を支えていた寄生地主制がもはや成り立たなくなったことを示すものであったが、それ以前からすでに都市では明治地方自治制はうまく機能していなかったと思われる（小浜 一九九五、玉野 一九九三）。最終的には一九二五年に男子普通選挙法が制定され、明治地方自治制の仕組みは失われる。村落を基盤に成立した明治地方自治制は、都市の民衆に対応することができず、別の新しい統治形態が模索されるわけである。この間の都市の事情はいかなるものであったのか。

いうまでもなく、明治末期から大正期にかけては、日本の産業構造が転換していく時期に当たっている。日清・日露の両戦役への対応も含めて、造船・鉄鋼などの重工業化が図られる。一八八七年の釜石製鉄所に続いて、一九〇一年には八幡製鉄所が操業を開始する。これにともない、主たる労働力がそれまでの製糸工業における女工であった段階から、陸海軍の工廠《こうしょう》などを中心とした男性の渡り職人的な労働力に転換していく。

当時は技術をもつ熟練労働者が不足していたので、熟練を積んだ男性労働者はほうぼうの工場を渡り歩き、家族賃金を得るようになる。そのように複数の職場を経験した彼らが、待遇の悪い工場ではその改善を求めて他の労働者を糾合するというかたちで、労働争議も起こるようになる（大河内 一九八一）。

他方、彼らも含めた都市の工場労働者は、もともと村落で小作・雇いと言われていた人々であり、村落では満足な生活をすることができなかったために、やむなく都市に出て労働者になった場合が多かった。未熟練や半熟練の労働者の多くは、景気の浮き沈みに応じて、就業と失業を繰り返す不安定な存在であり、失業時にはくず拾いや露天商など都市の雑業に従事し、彼ら彼女らの集住する地域が明治末期から大正期には貧民窟（スラム）として注目されるようになる（横山 一九八五、松原 一九八八）。彼らこそがこの時期の都市の民衆騒擾の主な担い手であった。彼らを日常的に監視するために置かれた交番が、日比谷焼打事件などでは標的になり、打ち壊された交番の建材が路上に集められて放火されるという群衆の行動が見られたわけである（中筋 二〇〇五）。

すなわち、大正デモクラシーとして注目された政党政治の展開の背景には、このような

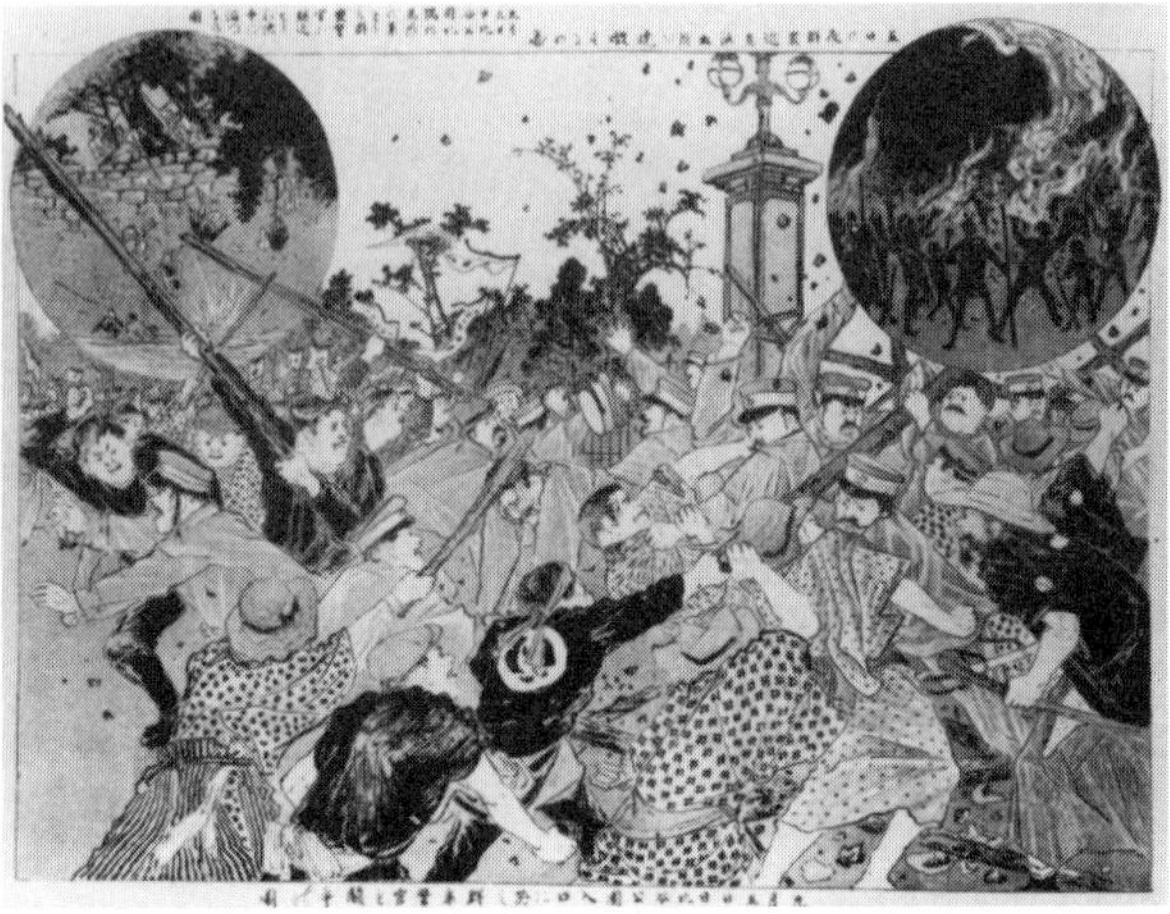

日比谷焼打事件。1905 年 9 月 5 日、講和条約反対国民大会に参加しようと日比谷公園前に数万人が集まり、警官隊と衝突した。

都市の民衆騒擾や労働争議の鳴動があった。そして、そのいずれもが村落を追われて都市に流入した小作や雇いとよばれた社会層が担い手になっていたのである。

さらに注目すべきは、その後展開する村落の小作争議も、次のような事実を背景としていた。村を追われた彼らが労働者となって労働争議を起こすことで獲得した賃金水準に比べると、村に残って農耕に従事する小作層が支払っている小作料の負担がはるかに大きいという事実である。この点に不満を感じた村落の小作層が、地主にたいして小作料の引き下げを求めたのが、小作争議の高揚なのである（中村政則 一九七九）。

つまりこの時期、地域における草の根の抵抗運動はもはや村落の小作争議ではなく、都市の民衆騒擾と労働争議が主導するようになっていた。まさに、村落を中心とした明治地方自治制が崩壊し、都市を対象にした新しい民衆統合の方策が求められていたのである。

†寄生地主制と共同体的秩序の変質

こうして、ここから先は都市が主な議論の舞台となる。しかし、その前に村落の社会構造がどのように変化していったかについて、述べておきたい。市制・町村制によって成立した明治地方自治制の下で、村落の寄生地主制、すなわち複数の自然村にわたって土地を所有し、手作には従事しない不在地主が政治的な媒介装置となって、共同体的秩序にもとづき人々を率いる区長や区長代理の協力を調達する体制は、その後、どのように展開したのだろうか。

村落で農耕に従事することをやめた寄生地主層は、その子弟を帝国大学へと送り出すことになる。こうして大学を卒業した子どもたちは国家官僚や財閥企業に勤めるようになり、いわゆる都市の俸給生活者となっていく。やがて親世帯も都市に移住し、寄生地主は不在地主化する。村落は生産増強に努力する篤農家層と、実際の農耕に従事する自作ないし自小作層が事実上中心となっていく。

つまり、ここでの区分にしたがえば、①大地主層はおろか②中小地主層に至っても徐々に寄生化ないし不在化していき、③自作上層と④自作下層が村落の実質的な担い手となっていったのである。したがって区長・区長代理が共同体的秩序にもとづき村落をとりまとめていたとしても、それを行政村を通じて国家へと媒介する寄生地主の存在感が薄れていくことになる。

小作争議は村落での実質的な存在感が薄れつつあった地主層にたいして、実際の生産力を担っていた小作層が反旗を翻したということである。他方、そのような意味で村落の生産力を担いえなかった⑤小作層の一部としての雇いなどの貧農層は、村を出て都市に流入し、雑業層や労働者層へと堆積していった。こうして明治地方自治制を支えていた寄生地主制と共同体的秩序が、少しずつ弛緩していく。

†男子普通選挙と治安維持法

日比谷焼打事件から米騒動に至る一連の都市の民衆騒擾を担ったのは、村落から都市へと流入して労働者になり、失業時には都市雑業に従事していた人々であった（中筋 二〇〇五）。彼ら彼女らこそが、労働者層であり、都市雑業層であった。都市雑業層とは、隅谷三喜男が提起した概念で、人力車夫やくず拾い、人足や日雇いなど、都市のさまざまな職業に従事する人々を意味し、都市下層のいわゆる産業予備軍を形成していた（隅谷 一九六七）。近代の資本主義の発展によって共同体が崩壊し、農民層が分解することで、労働者階級が生み出されるという典型的な階級構成の変容がこの時期、起こっていたわけである。

イギリスでいえば、地主が羊を飼うために農地を囲い込んだエンクロージャー運動によって、村落を追われた農民たちが、都市の労働者階級の供給源になったという出来事に対応する。

マルクスは資本主義の下で賃労働関係が成立し、貨幣が資本に転化するためには、二重の意味で自由な労働者が前もって生み出されていなければならないとしている。二重の意味とは、一方で自分の労働力を自分の商品として自由に処分することができるという意味と、他方で奴隷や農奴のように自らが生産手段の一部として土地に縛りつけられているわけでも、自営農民のように生産手段を自ら所有しているわけでもない、一切の生産手段から離れているという意味での自由である（マルクス 一九七二）。つまり土地から引き剝がされ、いかなる生産手段を有することもなく、自らの労働力を売ることでしか生計の資を得ることのできない無産階級が成立するということである。

ここで注意すべきは、そうやって生み出された労働者階級は必ずしも都市で正規に雇われている労働者層だけではないということである。失業状態にあって貧困層としてスラムを形成する、日本でいう都市雑業層も含まれるはずである。マルクスはこれを「ルンペンプロレタリアート」とよんで、階級闘争の役に立たない「反動的陰謀に買収されやすい連中」と位置づけた（マルクス 二〇〇九、二〇二〇）。そのため日本では都市雑業層がそもそも労働者階級にも属さないとみなされがちであるが、これはあくまでマルクスが、ルイ・ボナパルトが利用し買収した「自分の親戚のような」「怪しげな素性の落ちぶれた放蕩者」という文脈で述べた表現であることに注意すべきである（マルクス 二〇二〇）。

他方でエンゲルスは『イギリスにおける労働者階級の状態』の中で、「常時イギリスの工業は、ちょうど最も活況を呈する数ヶ月間に市場で要求される商品量を生産することができるために、労働者の失業予備軍をもっていなければならない」としたうえで、「この予備軍こそ、イギリスの「過剰人口」であって、彼らは乞食や、盗みをしたり、道路掃除や、馬糞ひろいや、手押車か驢馬《ろば》による荷運びや、呼売りの行商や、ときたまありつく個々のつまらない仕事をしたりして、やっとのことでみすぼらしい暮しをしている」と述べる。そして、「だが、この男たちの乞食商売には独特の性格がある」として、「このような場合でも、彼らは労働者の同情だけをあてにしているのであって、労働者は、経験によって飢餓とはどんなものかを知っており、また、いつ同じような状態に落ち込むかもしれないのである」と述べている（エンゲルス 一九七一）。つまり物乞いに慈悲を施すのは余裕のある中間階級ではなく、明日は自分も失業するかもしれないと考える労働者であり、そこに労働者階級としての連帯の基盤があると考えていたようである。

マルクスも、基本的に反動的な「小工業者、小商人、手工業者、農民」が革命的になるとすれば、「自分らがプロレタリアートへ移行する日のせまっていることを見てのことである」と述べている（マルクス 二〇〇九）。したがって、都市雑業層も労働者階級のひとつの存在形態であると考えるべきであろう。事実、彼ら彼女らもまた農民層分解によって村落から都市に流入し、小作・雇いからの社会的上昇を望んだ人々なのである。

さて、製糸業などの軽工業に従事する女工に代わって、鉄鋼や造船などの重工業に従事する渡り職人的な熟練労働者や未熟練・半熟練の男性労働者が優勢になってくると、一方では労働争議がさかんになる。他方で、彼らは失業すると、やむをえず都市の雑業に従事して、貧民窟＝スラムを形成し、都市の民衆騒擾を担う存在にもなっていった。大正デモクラシーという政党政治が覇権を争った時代に、その底辺では労働者階級がその地位の向上を求めて労働運動や都市の民衆騒擾に希望を託していたのである。村落でも労働争議に呼応するかたちで、小作争議がさかんになる。明治地方自治制は都市のみならず、村落においてもその存立が危うくなっていったのである。

こうして明治地方自治制に代わる新しい統治の形態が模索されるわけだが、この時期は、とりわけ都市において、その手立てがまだ見つかっていなかったといってよいだろう。ただ、社会的に認められることを求める小作層や労働者階級の要求を、まったく無視することもできず、かといって合意を調達する穏便な方法も見つからない中、一九二五年、治安維持法と抱き合わせというかたちで、男子普通選挙法が制定されることになる。すなわち、選挙権という政治的参加の権利を与えるのであるから、騒擾や争議など起こすな、さもないと強権的に取り締まるぞということである。こうして、巧妙な制限選挙制によって村落の統治に成功した明治地方自治制は、その役割を終えるのである。

†労働運動の台頭と弾圧

その後、村落では小作調停法(一九二四年)に始まり、地方改良運動や農山漁村経済更生運動を通じて、新しい統治の形態が模索されていくが（中村政則 一九七九、河村・蓮見 一九五八）、ここでの主題は都市における統治形態である。労働争議や民衆騒擾の主体が広い意味での労働者階級であるかぎり、政府は彼らを何らかのかたちで結集して、統治する必要があった。

ヨーロッパではこの時代、労働組合に組織された労働者の要求をある程度受け入れることで、その統治が図られていく。こうしていわゆる「労働運動の体制内化」とよばれる事態が進んでいく。労働党や社会党、共産党などの政党が、政府の政策形成に関与し、社会民主主義的な統治形態が形成されていくのである。日本にもそのような可能性があったのかもしれないが、事態は異なった推移を示すことになる。

日本における労働運動の萌芽は、すでに日清戦争から日露戦争に至る時期にみられる。アメリカで労働問題や社会改良運動を学んだ高野房太郎と片山潜が、一八九七年に労働組合期成会を結成すると、その影響の下で日本鉄道機関方のストライキが起こる。これはそれまで駅長や助役の下で屈従を強いられていた機関方が、自分たちの仕事は決して卑しいものではないのだから、相応の待遇を要求しようとしたものであった（隅谷 一九七四）。この機関方の組合の名称が「矯正会」であったことからもわかるとおり、自ら行いを正し、ひとかどの人間として、相応の扱いを受けることを望んだものであった（玉野 二〇一八）。それはイギリスの労働者が「ちゃんとした（respectable）」な存在たらんとしたことと同じであった（Crossick 1978, Gray 1976）。

ところが、このような労働運動の萌芽にたいして、明治政府はすぐさま弾圧の挙に出る。一九〇〇年には悪名高き治安警察法が制定される。この法律は労働者にストライキはおろか、使用者に労働条件の交渉を求めることすら禁じたものである。それゆえ日本の労働運動は労働者の生活の向上に留まらず、一足飛びに政治化せざるをえなかった。

片山や高野も普通選挙期成同盟会に加入し、労働者の選挙権獲得に尽力することになる（隅谷 一九七四）。さらに、日露戦争後の日比谷焼打事件から第一次世界大戦時の米騒動までの民衆騒擾、労働争議、小作争議がさかんになった時期には、合法的な政府への関与にはあきたらず、政府そのものの転覆を企てたとされる赤旗事件や大逆事件を通して、社会主義者への弾圧がなされるのである。

すなわちこの時期、欧米においても、日本においても、それまで土地に縛り付けられ、封建的な身分差別に屈従してきた農奴や小作人たちが、自らの労働力を自らの判断で売ることのできる労働者になることで、ちゃんとした、ひとかどの人間として遇されることを求める、大衆民主化の動きが台頭してきたのである。そのとき、欧米では労働組合と労働運動が徐々に体制内化することによって、労働者政党を通じて政府への関与が認められていくという道を辿ったのにたいして、日本では明治政府の弾圧によって、早々とこの道が閉ざされることになった。政治的な弾圧によって合法的な手段を奪われた労働運動が、もっぱら政治化し、暴力革命をも辞さない過激な社会主義運動の影響によって分裂を繰り返す。そのことで労働組合は、一般の労働者のひとかどの人間として認められたいという素朴な願いを実現することのできる、広く社会的に認められた組織として自らを確立することが、ついぞできなかったのである（大河内 一九五五）。

では、日本の労働者はどのような道を辿ったのであろうか。

†日本の労働者の選択――経営家族主義から日本的経営へという道

労働運動の高揚とその弾圧が顕わとなった大正から昭和にかけての時期に、日本の労働者にはどのような選択肢があったのだろうか。労働運動がさかんになったことにたいして弾圧という対処を行った政府に比して、資本の側はどのように対応したのだろうか。政府のように強権的に排除して労働者がやる気を失ったのでは、企業としては立ち行かない。

そこでこの時期、企業の経営者の側からは「経営家族主義」という新しい労務管理の方式が提案されてくる。

この時期の労働運動は、渡り職人的な熟練労働者が鍵を握ることが多かった。彼らは家族を養える賃金を稼ぐだけの熟練を有し、どこに行ってもやっていけるだけの条件をもっていた。したがって解雇されることもいとわず、他と比べて不当な労働条件には反発したのである（大河内 一九八一）。そこで、経営者の側は徐々に子飼いの労働者を育てるようになる。すなわち、学校を卒業したばかりの若い労働者を雇って企業内で技能を養成し、企業内的技能の秘密保持と「思想穏健」な労働者の勤続奨励によって労働移動を制限し、終身雇用制への指向を育てたのである。

こうして「企業という経営集団を「家」集団と類比してとらえ、経営者と労働者との階級関係を、家における親と子という身分関係に転置して説明しようとする」経営家族主義のイデオロギーが採用されていく（間 一九六〇、一九六四）。家族的温情主義を鼓吹《こすい》して、従業員の経営帰属意識を高めようとしたのである。労働者の多くが、村落の小作や雇いとして、本家分家関係や親分子分関係などの家的な秩序の下で暮らしていたことも、経営家族主義がある程度浸透する理由のひとつであった。

したがって、日本の労働者には経営家族主義を受け入れ、子飼いの労働者として資本＝会社へと包摂されることで、自らの地位の向上と生活の糧を確保していくという道が、一方では開かれていた。しかし、それは一部の「思想穏健」な労働者に許された道にすぎなかった。

†もうひとつの選択——一国一城の主＝都市自営業者への道

他方で、労働運動を通して自らの存在を認めさせる道を閉ざされた労働者に、もうひとつ残されていたのが、工場労働者としてそこその技能を身につけた後に、工場主として独立するという道であった。人に雇われるのではなく、一国一城の主になろうとしたのである。もちろんすべての労働者が首尾よく自営業主として独立できたわけではない。多くの労働者は志半ばに挫折し、再び労働者に舞いもどる結果になった。しかしわずかとはいえ、これに成功する者がいれば、多くの労働者がこれに挑戦したのである。

戦前から戦後もしばらくの間、日本では独占的な大企業部門だけではなく、家内工業的小商品生産者や小営業者などの自営業部門が比較的分厚く存続し、農業や中小企業のさまざまな部門において労働者の自営業者への移動が多かったことが、社会移動研究によって知られている（濱島 一九六〇、原 一九八一）。この激しい競争が中小零細自営部門の技術水準を高めることになり、日本の大企業は比較的早期に中小零細企業を下請けとして活用することができるようになる。いわば、ずっと後になって欧米先進国でも一般化するアウトソーシングである。つまり自営業による町工場を維持することは、大企業にとっても一定の合理性があったのである。いわゆる日本経済の二重構造とよばれるもので、少なくとも一九七〇年代までは、零細な都市自営業者が存立する基盤が、構造的に用意されていた。

他方、大正から昭和にかけての都市化は、工場主だけでなく、商店を経営する自営業者の存立基盤をも用意するものであった。都市への人口集中は日常買い回り品の流通を必要とした。しかし当時の財閥資本には、軍需産業を中心とした鉄鋼、造船などの重工業部門への特化が求められたので、戦後のダイエーやイオン、イトーヨーカドーのような商業資本への展開までは手が回らなかった。そこに都市の商店街が成立するニッチが存在したのである。

とりわけ都市近郊の村落では、次三男が工場に働きに行き、小金を貯めると商店主として独立を図ったり、あるいは実家が少し資本を出してやって、漬物屋などを経営するといったことが見られた。都市近郊の村落では、このような形で農民層分解が進んだのである

（玉野 二〇〇五）。都市雑業層としての露天商から、八百屋や魚屋になった人もあっただろう（武田 二〇〇九）。

もちろん、ここでも成功するのはごく一部であったが、それでも多くの労働者はその可能性にチャレンジしたのである。政府もまた、このように潜在的失業者の多くを吸収した商業部門を、商店街を単位に組織化し、改善することで、百貨店と並んで都市生活を支える基盤として整備する商店街政策を推進していったのである（川野 一九九一、一九九二）。

ここで重要なのは、工場街にしても、商店街にしても、戦前から戦後の一九七〇年代ぐらいまでは、経済構造として中小零細自営部門がそれなりに存立する余地があったということである。つまり、労働者や都市の雑業者から自営業者へと上昇するルートが、わずかながらも開かれていたのである。

†町内会の起源について

町内会の起源に関する議論においては、行政組織から枝分かれしたとか、もともと旧来の行政区を基盤としていたという、それなりに有力な説がある。しかしこれらはいずれも都市ではなく村落としての行政組織が前もって存在した地域や、そのような村落がのちに都市化した地域においての議論であった（秋元 一九七一、鳥越 一九九四）。したがって、もともと都市であった地域の町会については、別途検討が必要であると指摘したことを思い出してもらいたい。村落から小作や雇いであった人々が流入し、労働者として働いたり、一時的に都市の雑業に従事した人の一部が、やがて自営業者となっていくという大正から昭和にかけての都市化の時期に、町会ないし町内会は、どのようにして成立したのだろうか。

都市にもいろいろあるので、一概には言えないが、三井家発祥の地・松阪の中心地とその周辺の町に残されている町規約をみると、次のようなことがわかる（玉野 一九九三）。幕藩期以前から都市の中心に位置していた町では、一軒前とよばれる土地持ちの商家が通りに面して細長い敷地を有して並んでいた。これらの商家も明治の後半には町規約をもつようになる。そこでは町内に土地を所有する者が町の構成員であり、町外に住んでいる土地所有者にたいしても記名捺印を求め、規約の遵守を要求している。とりわけ土地の売買貸借については、あらかじめ町内の承認を求める内容となっている。

これにたいして、都市化によって人の出入りがはげしくなった、その周辺の町で昭和の初めにできた町規約では、町内に土地家屋を所有する者であっても、町外に居住している場合は権利がないことが明記され、土地家屋を所有しない借家人・寄留者にたいしても、規約の遵守を求めている。つまり、都市化によって流動性が高まるにつれて、町規約において土地所有者の組織から居住者の組織へと変化していくことが見て取れる。

中村八朗も都市における町内の住民組織としては、古くは土地所有者だけが入ることのできる地主会が一般的で、これにたいして全戸加入という性質をもつ町内会は後からできたもので、誰でも入れるという意味ではむしろ開放的な意味をもったのではないかと推測している(中村八朗 一九七九、一九八〇)。

つまり、全戸加入原則という点に町内会の本質を求めるとすれば、都市化によって人の移動がはげしくなった大正から昭和にかけての時期に、まったく新しい住民組織として、町内会は成立したと考えられる。つまり封建遺制といった伝統的なものではなく、大衆民主化の時代にふさわしい、ある意味では近代的な組織として町内会は成立したのである。全戸加入は決して強制ではなく、町に住む者なら誰でも参加できる、または参加するべき組織として成立したのである。

†町内会の成立過程

とはいっても、都市のあらゆる地域でそのような組織ができたわけではない。東京の場合、関東大震災以降に都心からその周辺へと人口が流出するが、とりわけ東京の西側の山手地区では、小高い台地に俸給生活者向けの住宅地が開発されていく。そのような地域では自発的に住民組織ができることはまれで、田園都市株式会社などの開発会社が、ある理念をもって住民の組織を前もって作らないかぎりは、住民組織ができることはなかった（山口 一九八七）。

後の時代に町内会が整備されていくときも、このような地域では全体的に反応が鈍く、唯一退役軍人だけがこれに対応したといわれる（玉野 二〇〇五）。これにたいして小高い住宅地を下った谷底の地区で地主から土地を借りて営業を始めるのが、都市に流入して労働者や雑業者をへて一国一城の主をめざした自営業者たちであった。東京の地元商店街の多くは、このように住宅地から坂道を下ったところに発達したのである（陣内 一九九二）。

そこでも、松阪のような古い町と同様に、通りに面した商店主たちが結集して通りごとに町の会をつくっていく。この場合はあくまで通りに面した商人たちの組織で、通りには面していない裏店の商店主や俸給生活者は加入していなかった。おそらく自発的に結成される可能性の高かった商店街地区でも、多くは通りに面した商人だけの組織であったと考えられる。最初から自発的に全戸加入をうたった町の会は、決して多くはなかっただろう。商人たちのこのような町の会が全戸加入の町内会へと組織されるのは、ずっと後に行政が町内会の整備に乗り出した後のことである（玉野 二〇〇五）。

ここで、最初から全戸加入をうたって組織された町の会として、金沢のある町の例をあげておこう（玉野 一九九〇）。この町は金沢の中心市街地の周辺に位置していて、郊外から市街地を訪れる人が多く通る道の周りに広がった町である。通り沿いには小さな自営の商店が並ぶだけでなく、織機工場を営む実業家や著名な漢学者も住む町であった。昭和の初めにこの町で自営業者たちが中心になって町の会が作られることになる。当時は周辺の町に町会が続々と設立され、それにうながされるかたちで結成に至ったという。

残されている結成時の規約には、「本会員ハ同町二番地ヨリ二十七番地ニ至ル現住者ヲ以テ会員ノ義務タルモノトス」と明確に全戸加入をうたっている。設立の目的としては、会員相互の交流を重んじ、「町ノ発展ヲ講ジ且ツ温情融和ヲ図ルヲ以テ目的トス」とされている。人通りが増えて、自営の商店なども立地しだした町の発展を、会員相互の親睦とともに図っていこうというわけである。会の発起人はいずれも若い新興の自営業者で、町の名士である実業家を担ぎ上げることで、結成に至ったようである。当初は新年会と忘年会での交流が主な活動であったという。

ここで注目すべきは、規約にある次の条項である。「本会ハ町ノ発展策トシテ新規営業開店者ニ対シテハ相互合議ノ上相当ノ策ヲ図ルモノトス但シ新移住者モ又同ジ」。つまり「新規営業開店者」と「新移住者」にたいして「相互合議」することを義務づけているわけである。「新規営業開店者」については、発起人が新興の自営業者であったことからして、明らかに同業者が移住してくることを警戒してのことであろう。そのために会は全戸加入でなければならなかったわけである。それでは、付け足しのように「新移住者」についても同じとなっていることはどう解釈できるのだろうか。

昭和の初めのこの時期は、近代の都市化が進んだ時期であり、繁華街へと至るこの町にも、自営業者だけではなく俸給生活者などが住居を求めてどんどんと移り住んでくる頃であった。隣に誰が越してくるかもわからないという状況の中で、全戸加入の町の会ができて、あらかじめ移住者と合議ができるというのは、自営業者ではない一般の住民にとっても、安心できることであった。そのことが一般の住民が発起人たちの提案を受け入れた理由のひとつであったろう。

若い自営業者たちにとっても、自分たちだけでは新年会や忘年会の費用もままならない。「町ノ発展ヲ講」ずるという大義名分を掲げて、資産家を巻き込む必要があったのである。それが通りに面した商人だけの会ではなく、全戸加入の町の会でなければならなかった理由である。また、都市化によって誰が越してくるかわからないという一種の危機的な状況が、一般の住民もそれを受け入れていった背景のひとつであった。

†近代の都市化と町内会

さて、ここで大正から昭和にかけての時期に、商店街などの一部の地域で町の会がつくられていく背景について、整理しておこう。最初に述べたのは、国家による労働運動の弾圧によって、社会的上昇の道を断たれた労働者たちが、一国一城の主として都市の自営業者への道を模索していったという、近代の大衆民主化における「階級性」という側面であった。しかしここでもうひとつの背景として、同じ近代における社会変動として、都市化が与えている影響が大きいことがわかるだろう。

大正から昭和にかけての二〇世紀初頭は、産業革命にともなう大工場の集積によって都市に人口が集中する都市化の時代であった。それにともなう農民層の分解と労働者層や都市雑業層の形成、さらには俸給生活者や知識人の台頭など、それらはいずれも空間的には都市への人口集中と居住の問題として現れたのである。町内会はそのような都市化による地域社会の変化にたいする住民の対応のひとつであった。

幕藩期以前の都市は一軒前といわれる土地持ちの商家や大家が中心に町内をとりまとめていた。店子などの借地人や間借りの寄留者は、五人組等の正式な成員ではなかった。明治以降もしばらくは講の組織など、地主だけがその成員であった。明治後半から大正にかけて、村落から人口が流入し、労働者や都市雑業者だけでなく俸給生活者や知識人が都市に居住するようになっても、それらの人々を組織する動きは見られなかった。

大正から昭和にかけての時期に、労働者の一部が都市の自営業者として商店街などを形成するようになると、ようやく一部の地区で町の会が組織され始める。さらにその一部は、自営業者たちの不安定な営業基盤を守るためや、都市化によって誰が越してくるかわからない状況への不安を解消するために、全戸加入の新しい町の会を作ってこれらに対応しようとしたのである。

いわば、近代の都市化がもたらした人口の流動性と、それにたいする住民の不安が、それ以前の一部の人しか入れない地域組織ではなく、町の人が誰でも入れる新しい組織を必要とした。こうして町の会＝町会ないし町内会が、近代以降に成立する、まったく新しく地域住民組織として登場するのである。

†共同防衛組織としての町内会

それでは、なぜこの新しい住民組織は、誰でも入れる、もしくは全戸加入という性質をもったのだろう。これに答えるために、まず「生活協力」と「共同防衛」という聚落社会の二つの基本的機能という議論についてふりかえっておこう。

すでに紹介したように、これは鈴木栄太郎という社会学者が提出した理論である。人々が集まって暮らす聚落が成立するには、二つの基本的な機能が満たされていなければならない。鈴木は、人々が比較的近接して集住する理由のひとつは、互いに生活上の協力関係を結ぶためだという。われわれはひとりでは生きていけないので、他人と協力しながら生活する必要がある。そのために、比較的近くに住むのであり、これが生活協力の機能である。一見、これだけでよいようにも思えるが、鈴木はこれに加えてまず第一に共同防衛の機能が果たされなければならないとする。つまり、人々が安心して生活協力の機能を営むためには、災害や外敵の侵入、内的な秩序破壊にたいして備える必要がある。それが共同防衛の機能だというのである（鈴木 一九六九）。人々は集まって住むことで、ともに助け合って安全を保障しているわけである。

さて、ここで重要なのは、生活協力については、可能ならば、相手がどこに住んでいようが成立するという点である。事実、現在では地球の裏側で生産された食物や衣服をわれわれは利用している。近くにいるに越したことはないが、原理的に生活協力関係は空間的範域とは無関係に際限なく広がるのである。

これにたいして共同防衛機能は、主として技術的な理由から、特定の空間的範域を区切ってその内部で安全を保障するしかない。しかも、いざというとき、その内部にいる者はすべて関わらざるをえないのである。外敵の侵入にたいして私は知らないということは許されないし、内的な秩序破壊者はどこから出てくるかわからない。つまり、共同防衛は一定の空間的範域内に存在する全員の参加を要請する。事実、現在、このような意味での十全な安全保障を担っているのは国家であり、国家は明確な領土をもっている。

ちなみに、中世のヨーロッパではそれが都市であり、都市の城壁はそれを象徴していた。やがて城壁が撤去されていくのは、都市に代わって国家が安全を保障するようになるからである。

もうひとつ共同防衛という点で重要なのは、それが当事者が共同して防衛するというニュアンスを有している点である。警察や軍隊が防衛するのではなく、聚落をなして集住している人々が、自ら助け合って防衛するという意味なのである。この点が鈴木栄太郎の理論の面白いところである。共同防衛の意味をこのように考えるならば、町内会は、まさに近代の都市化にともなう地域社会の危機的な状況にたいして、住民自らが共同して防衛するために組織した団体であったとみなすことができるだろう。それゆえ、全戸加入という原則をもつ必要があった。

しかしながら、町内会はあくまで民間の住民組織なので、国家や自治体のような強制力をもつことはできない。金沢の事例のように、自生的に全戸加入を義務づけた町はそれほど多くなかっただろう。全戸加入という原則が、町内会の特質として全国に広がるには、別の理由を考える必要がある（日高 二〇一八）。

†戦時体制と町内会の整備

それが、戦時体制という日本全国が危機的な状況に陥るという歴史の偶然であった。他方で、すでに見たように、明治地方自治制の崩壊以来、政府はとりわけ都市での統治の新しい形態を模索していた。そこに現れたのが、すでに紹介してきた都市自営業者によって主に担われた町の会だったのである。こうしてあくまで一部の地域ではじめた町会が、町内会として地方自治体の行政によって発見されていく。

たとえば、東京市では昭和の初めに、まずは東京市政調査会が『東京市町会に関する調査』を行い、次いで東京市も『東京市町内会の調査』を行っている。同時に東京市社会教育課からは二度にわたって『町会規約要領』が発刊されている（東京市政調査会 一九二七、東京市社会教育課 一九二四、一九二五、東京市 一九三四）。つまりこの時期、一部の地域に生まれはじめていた町の会を、町内会として奨励し、組織し、広めていこうという動きが、行政の側から打ち出されていく。

それは明治地方自治制の成立以来、決して十分には成立しえなかった都市での新しい統治形態として期待されただけでなく、おりしも深まっていく戦時体制の下での共同防衛の必要にも促されたものであった。しかも一部の地域で都市化による地域社会の危機的状況に対応するために自発的に結成された町の会は、この共同防衛という機能を同じくするものだったのである。それゆえ、町内会は行政によって発見され、奨励され、整備されていく。その最終形態が一九四〇年の内務省訓令「部落会町内会等整備要領」である。こうして町内会は天皇制ファシズムの底辺を支える国民細胞組織となっていく。

†臣民として認められた都市自営業者

しかしながら、なぜ町内会はそのような行政の期待に応え、天皇制ファシズムの下で戦争にまで協力していったのであろうか。そこには町内会をめぐる階級性の問題が伏在している。

すでに見たように、町内会を積極的に支えたその担い手は、主として都市の自営業者層であった。彼らの多くは村落の小作や雇いの出身で、農民層分解によって村落を出て都市に流入し、労働者や雑業者として生活の資を求めた人々であった。労働者として労働争議に連なり、雑業者として民衆騒擾に関わることで、徐々にその存在を認められようとした、まさに大衆民主化を担う広い意味での労働者階級であった。

しかしながら、国家による労働運動の徹底的な弾圧によって、ヨーロッパのように労働組合と労働者政党による社会的上昇の機会を得ることはできなかった。そんな彼らが都市の自営業者として身を立て、いまだ不安定な自らの基盤を固めるために町の会を結成したとき、それが行政の目にとまったのである。

行政による奨励と整備をへて、戦時体制の下で正式に位置づけられたことは、村落を追われ、労働者としては弾圧され、それまではひとかどの人間として決して遇されることのなかった彼らが、初めて天皇陛下の臣民として認められるという、かけがえのない経験であった。

大衆民主化の時代に、広い意味での労働者階級がその社会的上昇の機会を得る、日本におけるもうひとつの形態が、自営業者として町内会を担うということだったのである。彼らは初めてそこで地主や俸給生活者と対等に遇される、天皇の臣民となったわけである。

彼らが後の時代から見れば、ばかげたとしか思えないあの戦争への狂騒の中に、自らを積極的に投企していったのも、そう考えるならば、それほど非合理なこととはいえない。同じ時代の社会主義革命やファシズムも、同様の原理を内包していたように思う（ムーア二〇一九）。

†大衆民主化の時代

前近代の村落共同体の中で、農民や農奴は身分制によって生まれながらにして劣位におかれていた。それが近代の資本主義と市場経済の発展による共同体の解体によって、生産手段である土地から引き剝がされ、自分の身ひとつを労働力として時間単位に市場で売り渡さなければならなくなるという農民層分解をへて、一群の労働者階級を形成するようになる。広い意味での労働者階級には、大工場に雇われる労働者もいれば、都市のスラムを形成する都市雑業層や自営業者という存在形態もあることは、すでに述べたとおりである。

しかし、彼ら彼女らはまがりなりにも市場で自らの労働力を自らの判断で売ることができる存在となり、もはや共同体的秩序の中での身分的に劣った存在ではなくなる。商品交換者としては、あくまで資本家とも対等な関係なのである。しかも、労働者として彼ら彼女らが生産する商品は、具体的に社会全体を支えていることが目に見えるようになる。そのような商品生産に従事する労働者が、ちゃんとした（respectable）、ひとかどの人間として遇されることを望むのは、資本主義的な市場交換が支配的になる近代という時代に普遍的な出来事なのである。

ここではそれを一般大衆の一人ひとりが誰でも平等に遇されることを望むという意味で、大衆民主化ないし大衆民主主義の時代（Mass Democracy）と表現してきた。それは社会的な分業や生産関係が共同体から市場交換へと変化する際に、どんな時代やどんな地域にも現れる普遍的な出来事である。しかし時代や場所によって、具体的に特殊な形態をまとって現れるのである。

†労働者と都市自営業者

すでに簡単にふれたように、ヨーロッパではこの大衆民主化における人々の願いは、主として資本によって雇用された労働者によって担われ、労働組合を単位とした労働運動によって、徐々にその地位がリスペクタブルなものとして認められていった。さらに、労働者の要求は労働者政党を通して政治的にも認められていき、労働者階級は資本家階級と並んで、少なくとも名目的には政府を担う勢力の一翼となっていったのである。「労働運動の体制内化」とよばれる事態であり、革命による政府の転覆ではなく、代議制民主主義の議会を通して政策決定に関与する社会民主主義的な体制がそれである。

もちろん、労働者とその組織形態にも若干のバリエーションがあって、たとえば、アメリカの場合、労働者は移民として流入したために、民族ごとに組織された団体が選挙の際の集票マシーンを形成し、やがてそれが政党によって媒介されるかたちをとっていった。労働組合というよりは、民族組織が母体となったのである（平田 二〇〇一）。

これにたいして、すでに見てきたように、日本の場合、労働組合と労働運動は政府によって徹底的に弾圧され、それゆえ過度に政治化し、過激化せざるをえなかった。その結果、労働運動や労働者政党は非合法化されて、一般大衆からは浮き上がった存在になってしまった。そこで、多くの一般的な労働者大衆のうち、家族主義的経営に取り込まれることをよしとしなかった労働者は、都市の自営業者として身を立て、自らの存在を一国一城の主として認めさせようとしたのである。

すなわち、ヨーロッパにおいて近代の大衆民主化を担ったのが、主として工場労働者であったのにたいして、日本においては少なくともその一部は都市自営業者という形態をとったわけである。

†労働組合と町内会

ヨーロッパにおいては労働組合が大衆民主化という人々の願いを受け止める組織であったのにたいして、日本ではそれに対応する組織が、自営業者が中心になって結成した町の会、すなわち町内会であったのではないかというのが、ここでの主張である。つまり、町内会は日本における大衆民主化を担った近代的な大衆組織であったということである。

日本の労働者階級は労働組合ではなく、町内会を通してひとかどの人間として認められる道を模索したのである。なぜなら、労働組合が国家によって徹底的に弾圧されたのにたいして、町内会は戦時体制が深まる中で、国家によって奨励され、顕彰されていったからである。国家総動員体制の下で、町内会を担った自営業者の男性や、国防婦人会などを担った女性たちが、あれほどまでに戦争に協力していったのは、それまで彼ら彼女らの存在を歯牙《しが》にもかけなかった世間とは違って、天皇制国家がこれを認めたからである。彼ら彼女らはそこで地主や俸給生活者、あるいは男性と初めて肩を並べることができたのである（雨宮 一九九七）。

労働者階級の社会的上昇を求める願いは、国や地域によって自由や民主主義を守る戦いにも、社会主義革命にも、そして全体主義やファシズムを支える可能性をも持っていた。それが近代という時代のある時期を特徴づける大衆組織のあり方だったのである（ムーア 二〇一九）。自由主義陣営における労働組合、社会主義陣営における党組織、そして日本では町内会がそのような階級性を帯びたのである。

†戦時下の町内会

「隣組」歌詞

とんとん　とんからりと　隣組
格子を開ければ　顔なじみ
廻して頂戴　回覧板
知らせられたり　知らせたり

とんとん　とんからりと　隣組
あれこれ面倒　味噌醤油
御飯の炊き方　垣根越し
教えられたり　教えたり

とんとん　とんからりと　隣組
地震や雷　火事どろぼう
互いに役立つ　用心棒
助けられたり　助けたり

とんとん　とんからりと　隣組
何軒あろうと　一所帯
こころは一つの　屋根の月
纏められたり　纏めたり

いずれにせよ町内会は、政府の側から見るならば、きわめて好都合な住民組織であった。明治地方自治制の崩壊以来、模索され続けていた都市の新しい統治形態として、うってつけの存在であった。事実、町内会・隣組は「部落会町内会等整備要領」以来、戦時下の国家総動員体制の下での大政翼賛会において、国民細胞組織として位置づけられていったのである。

ここで戦時下に町内会が果たした役割について、少し紹介しておこう。内務省訓令にもとづく全国的な部落会町内会の整備以前は、規模や組織形態もまちまちであった各地域の町の会が、整備以降だいたい一〇世帯ぐらいからなる班組織をもつようになる。これがいわゆる隣組である。戦時下の町内会を単に「町内会」とはいわず、「町内会・隣組」と呼ぶことが多いのは、戦時下に隣組があまねく組織された点に特徴があったからだろう。しかも単に新しくつ

隣組常会のようす（1942年撮影、提供：毎日新聞社）

くられただけでなく、この一〇軒あまりが定期的に「常会」という会合をもつようになった。ここでいわゆる大本営発表と言われる戦況の報告がなされたのである。この内容が「連日大勝利」という嘘八百であったことは、皆さんもご承知の通りである。

他にも、この隣組と常会の場を使って食料や衣類の配給、金属類の回収、出征兵士の見送り、防空訓練などが行われた。筆者は戦後になって、ある町会長さんが、戦時中に金持ちの家の息子は盛大に見送られるのに、そうでない家の息子の出征は誰も見送らない、同じくお国のために命を捧げるのに、それはかわいそうだと考えて、商店街で楽団を組織して、誰であっても盛大に見送るようにしたという話を聞いたことがある

（玉野 一九九三、二〇〇五）。これなどはまさしく兵士として、ないし臣民として、国民全体が平準化されていく際の自営業者の位置づけを示した実例のひとつであろう。

他方、これは俸給生活者や知識人層から見ると、あまり面白いことではなかった。隣組の組長になった途端、急に威張り出す若い自営業者や、防空訓練で軍隊ばりの規律を要求する出征帰り、映画やドラマなどでよく描かれる軍隊の中での理不尽で暴力的なふるまいも、知識人から見ると、戦時中に台頭した者たちの許しがたい行為の一部であった。そのような知識人の出が多かった大学研究者の間で、戦後長い間自治会・町内会の評判が悪かったのも、そのような背景があったからだろう。

いずれにせよ戦時下において、町内会・隣組という明治地方自治制に代わる新しい都市の統治形態が、よかれあしかれ確立したかのように見えた。しかし、太平洋戦争における敗戦がそれを頓挫させることになる。

†戦後改革と町内会禁止令

敗戦後、アメリカ占領軍の下で、日本の戦後改革が進められていくが、町内会・部落会はそこでどのように扱われたのだろうか。内務省の官僚たちは、しきりにその統治上の意義を強調したようだが、アメリカ占領軍の下した判断は次のようなものであった。

アメリカ占領軍＝ＧＨＱは、戦後改革の下で町内会・部落会を戦争に協力した組織として、これを断罪することになる。町内会を日本の民主化を阻む「封建遺制」であると特徴づけ、これを政令によって禁止したのである。いわゆる町内会の解散禁止令がそれである。ＧＨＱによる、町内会が封建遺制であるという規定は、明治地方自治制における区の組織が、自然村の伝統的な共同体的秩序を基盤にして権威主義的な統治を可能にしたのと同じように、町内会においても封建的な古い秩序が近代の民主化を阻んでいるという理解にもとづいていた。

この意味では、戦前のいわゆる資本主義論争において、すでに近代的な資本主義の支配関係が確立しているとする労農派の主張にたいして、半封建的な伝統的支配が残存していると主張した講座派の立場に近いものであった。このＧＨＱのお墨付きもあってか、戦後講座派の立場ががぜん優勢となり、戦後の近代化や民主化は、とにかく家や村などの伝統的な秩序を解体すべきという方向に進むことになる。このことの功罪について、ここで述べることはできないが、少なくとも町内会の歴史的な理解としては、完全に誤りであったと言っておきたい。

明治地方自治制は確かに原型として参照されたではあろうが、大正から昭和にかけて台頭した町内会は、すでに見たように近代の大衆民主化を担う新しい、その意味ではきわめて近代的な組織だったのである。しかも、それを主として支えていた都市自営業者層も、戦後の復興と高度成長の中で、少なくとも一九七〇年代まではその存立の基盤が維持され、まだまだ健在だったのである（玉野　一九九八ａ）。

†サンフランシスコ講和条約と町内会の復活

もとより戦後復興期の混乱は、むしろ町内会のような地域組織を不可欠なものとしていた。戦後もしばらく続いた配給制度は、事実上戦時下の町内会・隣組の組織を使わざるをえなかった。多くの自治体では、さすがにかつての町内会長をそのままというわけにはいかないので、別の人を協力員として指名して、そこに配給物資を届け、そこから先はかつての町内会・隣組のルートがそのまま活用された。それゆえ、ＧＨＱの禁止令が出た後も、別組織の形を借りて事実上町内会が維持されることが多かった。大阪では日赤奉仕団がそのような役割を果たしたことが知られている（吉原　一九八九）。

都市自営業者層も健在であったから、戦時中に楽団を作って出征兵士をわけへだてなく盛大に見送ったという同じ人物からは、戦後はいち早く瓦礫《がれき》の山から電線を集めてきて、自分たちで街灯を設置したという話を聞いたことがある。夜は真っ暗になって女性などはとても出歩けなかったからである。日本では、いまだに街灯の管理を町内会が補助金を受けて行っている地域が少なくないが、行政にそのような余力のなかった時代に、町の人が自力で整備したという歴史が、その背景には存在している。その他、ハエや蚊の消毒などもまだまだ必要な時期であった。

それゆえ、一九五二年にサンフランシスコ講和条約によって、日本が国際社会に復帰し、GHQの政令が失効すると、町内会・自治会は全国で公然と復活することになる。それでも、行政としてはそれまでのGHQの判断もあって、町内会・自治会を公然と特別扱いするわけにはいかなかった。戦後も長い間、行政の町内会への態度は、あくまで任意団体の一つであり、たまたま行政に積極的に協力してくれるので、助かってはいるが、特別扱いできるものではない、というのが公式の見解であった。

†町会連合会の結成と町内会の圧力団体化

ところが、この時期都市自営業者層の方は、戦後復興と高度成長の中で、その経済的な基盤を徐々に確立し、戦前は地主から土地を借りて営業していたのが、土地を買い取って本格的な地付層となり、ますます旺盛な活動意欲を抱くようになる（玉野 一九九三、二〇〇五）。一九五〇年代後半から六〇年代にかけて、自分たちはこれだけ行政に協力し、貢献しているのだから、何らかの特別な地位を与えられてしかるべきだという町内会の側からの要求が高まってくる。しかし、この点でも担い手層の階級性によって地域により若干の対応の違いがあったようである。

たとえば、金沢などの都市では、自営業者というよりも地主や中小ブルジョアジーなどの本来の旧中間層の力がまだ強かったせいか、行政からの細々とした依頼仕事にたいして、そんなことを自分たちにやらせるとはけしからんということで、別途協力員を指名してやらせろという要求を行っている。その結果、退職後の行政職員が多くこの役職を引き受けたという（金沢市 一九七三）。

東京の特別区などでは、自分たちの地位を行政に認めさせるために、出張所などの行政のブロックごとに町内会連合会を組織して、行政に自分たちの要求を突きつけるようになる。町内会の圧力団体化として、一時期物議を醸した出来事である（高木 一九六〇）。

結局、この時期には何らかの地位が与えられることはなかった。そんなことをしなくても、町内会の側にはまだ十分な力が残っていたというべきであろう。最近では、自治会・町内会を応援する条例が作られたり、住民登録の際に行政の窓口で町内会の案内が配られたり、市の広報で「自治会・町内会に入りましょう」というよびかけがなされたりしている。GHQによる解散禁止令から長く続いた行政の態度をふりかえるならば、まさに隔世の感がある。

†住民運動と革新自治体

このように、戦後町内会が日本の民主化を阻むものとして、アメリカ占領軍によっていったん禁止されたことは、とりわけ行政の側でこれを統治の手段として公然と活用することを、長い間ためらわせることになった。行政の側からの統治性という点では、きわめて好都合な組織ではあったが、戦後憲法の下での民主化＝民主的な自治の実現という点では、やはり足りないところがあったのである。政治的な意思決定に関与するというよりも、行政の執行過程への協力に限定されるという、明治地方自治制を原型とする性格が引き継がれていたことである。

したがって、どうしてもどちらかといえば保守的な、ときとして行政に要求をすることもあるが、基本的にはそれに協力的な人々が集まる組織として、存続していくことになる。地域開発や施設誘致の際には、まずは町内会の有力者だけに説明がなされ、保守系の議員とともに、いつの間にか地元の合意が調達されていくという手順は、この頃からよく使われていた手法である。

それゆえ、公害問題を契機に一九六〇年代から七〇年代にかけて展開した住民運動の時代には、町内会・自治会とは異なる、国家や自治体の政策決定にも異議申し立てを行う、住民や市民の運動や活動が注目されることになる（松原・似田貝 一九七六）。そのような新しい市民の活動こそが、町内会・自治会に代わって民主的な住民自治を実現するものとして期待されたのである。そこから、従来までの町内会の担い手層とは異なる人々に依拠した、新しい統治形態が模索されていくことになる。

いわゆる革新自治体の叢生《そうせい》とその試みが、その一つであった。代表的な革新自治体であった美濃《みの》部亮吉《べりようきち》の東京都政と飛鳥田《あすかた》一雄《いちを》の横浜市政を例に、その内実をふりかえっておこう。

美濃部都政は「憲法をくらしに生かす」ということで、憲法の理念を現実の市民生活に実現することを標榜した。また『広場と青空の東京構想』（一九七一年）として、都民との

第1回都民対話「公害から都民を守るために」。美濃部亮吉都知事に向かって、真剣な要望が次々と飛び出す会場（東京都江東区、1969年4月21日、提供：毎日新聞社）

対話と参加を重視した。実際に、ごみ処分場の問題などにあたっては、現地での対話集会に知事自らが参加し、規定上何もできないとの答弁に終始する職員にたいして、その場でそれまでとは違う対応を検討するように指示を出し、市民の喝采を浴びることになる（太田 一九七九）。都庁には都民室を開設し、都民の都政への提案を直接受けつけるなどの試みを行った。

飛鳥田一雄の横浜市政においても、「一万人市民集会」が提案され、その後「区民会議」というかたちで市民の声を直接聴くという試みが行われた。

このように革新自治体は、町内会・自治会を介した一部の住民ではなく、広く市民に対話と参加を求めることで、戦後の憲法が示した民主主義を地域で実現することをめざしたわけである。そこでは町内会・自治会を担う都市自営業者層ではなく、知識人やかつては俸給生活者とよばれた雇用層＝サラリーマン層の台頭が、市民参加として期待されたのである。

一九七〇年代における住民運動の展開と革新自治体の台頭が、都市自営業者層を中心とした町内会を介した統治を飛び越えて、市民参加による民主主義の実現を期待させたのである。ここに改めてＧＨＱが提示した戦後の日本の民主化への道筋が、がぜん信憑性を帯びることになる。その結果として、町内会についての正当な歴史的評価がなされる機会はふたたび失われていく。

次に述べる住民運動にたいする、もうひとつのいわば保守サイドからの対応においても、町内会とその担い手層は当初、市民にたいして席を譲るべき存在として扱われていくのである。

†コミュニティ施策の展開

革新自治体の誕生が、住民運動という自由民権運動と大正デモクラシーに続く、日本の近代における三度目の大衆的な異議申し立てにたいする、革新サイドからの対応であったとするならば、保守サイドからの対応ともいえるのが、一九七〇年代の初めに旧自治省が提案したコミュニティ施策である。

ここでいう「コミュニティ施策」とは、国民生活審議会調査部会コミュニティ問題小委員会の『コミュニティ――生活の場における人間性の回復』という著名な報告にもとづき、当時の自治省が一九七一年に打ち出した「コミュニティ（近隣社会）に関する対策要綱」によって設置された「モデル・コミュニティ」を契機に、全国に広がっていった政策をいう。当時は「コミュニティ行政」という言い方もよく用いられたが、現在では「コミュニティ政策」という言い方が一般的である。

典型的には東京都武蔵野市や目黒区で取り組まれたように、コミュニティセンターとよばれる集会施設を建設し、その管理・運営を担う住民組織を新たに設置することで、良好な地域社会としてのコミュニティを醸成していこうとした政策である（山崎編 二〇一四）。「コミセン」の自主管理を通して、町内会・自治会に代わる新しい市民の参加をうながし、民主的な地域社会の形成を期待したものであった。コミセンの窓口には、行政職員ではなく、地元の住民が立ち、そのことで親しみやすく、使いやすい施設の運営をめざしたのである。

ところが、そのような施設の管理・運営という地味な仕事に、広く市民の関心を集めることは容易ではなかった。結局は町内会・自治会でこれまで活動してきたような人でないと、それを支えてくれないということが、徐々に明らかになっていく。それゆえ、その後のコミュニティ政策では、改めて自治会・町内会を中心としてコミュニティ組織を運営していくという方針がとられるようになる（玉野 一九九八b）。

コミュニティ行政には、革新自治体が強調した政治的意思決定に関する対話や参加とは異なり、明治地方自治制以来の行政の執行過程への協力に留めるという統治性の原理が、比較的強く働いていた。住民運動をも担うだけの階級性をもった新しい市民にとって、それは受け入れがたいものだったのだろう。

多くの市民は、ルーティンワークとしてのコミュニティ組織の管理・運営という仕事には、あまり興味を示さなかった。しかしながら、町内会・自治会の担い手たちがその負担を引き受けてくれて、使いやすいコミュニティ施設が維持されるならば、市民活動の環境整備という点では、彼ら彼女らの市民層にとっても、それなりの利得が生じるのである。こうしてコミュニティ施策は、住民運動によって崩れかけた市民の行政にたいする信頼回復という点では、十分な役割を果たすことになる。

他方、革新自治体の側でも、やがて市民参加による政治的意思決定が決して容易ではなく、革新自治体の方針そのものと相容れないこともあることが明らかになっていく（長尾・加藤 一九八七）。同時に、住民運動に立ち上がった市民層の要求が、福祉政策や環境対策などによってある程度受け入れられ、これといった政治的争点もなくなるにつれて、市民の直接参加が強調されることも少なくなっていく。

こうして、少なくとも日常的には旧来からの町内会・自治会による協力を尊重し、あえて新しい市民による担い手層の交替を求めることはしないという、コミュニティ政策の基本的なあり方が、革新自治体においても採用されるようになっていく。

†町内会体制の確立と動揺

以上のようなコミュニティ政策や革新自治体の紆余曲折を考えるうえで、自治会・町内会を支えていた都市自営業者層が、実は戦後も一九七〇年代までは決して衰えることなく、健在であったことが見落とされるべきではない（玉野 一九九八a）。戦前に都市に流入し、労働者や雑業者をへて自営業者へと上昇した彼らは、当初は地主から土地を借りて営業していたが、戦後の混乱期をへて、ようやく土地を取得し、地付の自営業者としてその地位

図４　従業上の地位別人口構成比（東京都特別区）

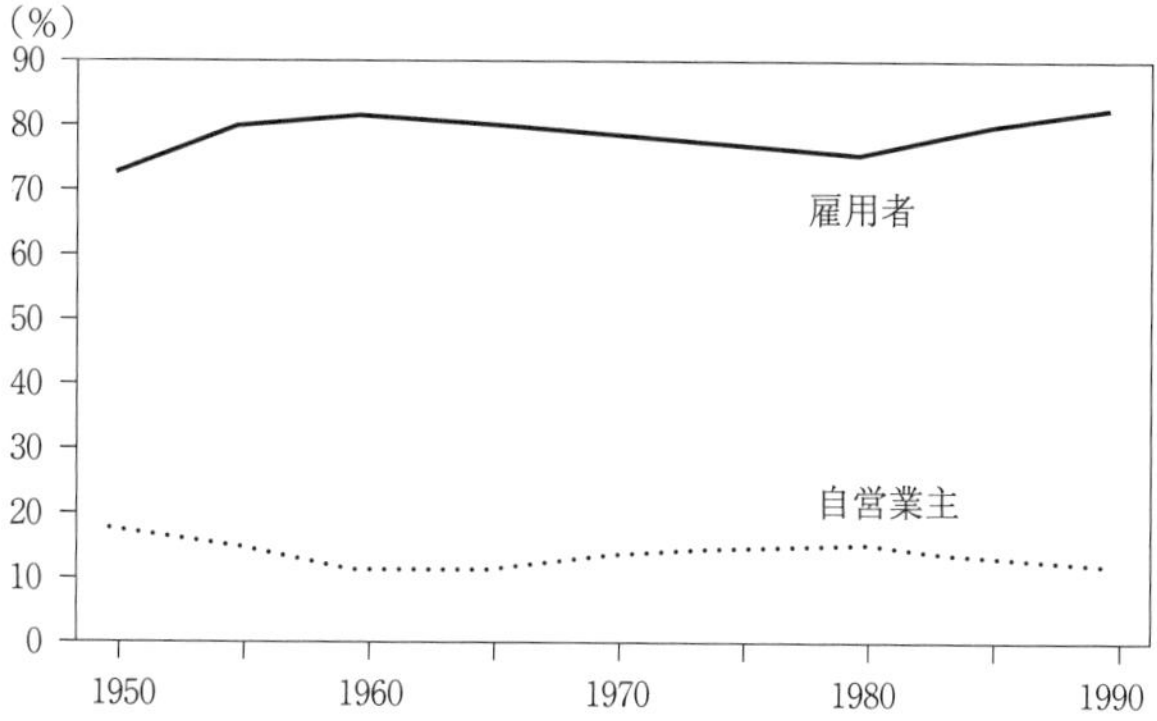

出典：国勢調査の結果による。玉野（1998a）から作成。

を確立する（玉野 二〇〇五）。

ダイエーやイオン、イトーヨーカドーといった戦後台頭する商業資本も、一定の売場面積を超える店舗の場合には、地元商店街との事前調整を義務づけた大規模小売店舗法（大店法）による事実上の出店規制も手伝って、まだ地元の自営業者を脅かすまでには至っていなかった。事実、東京二三区でも、一九七〇年代までは自営業主の比率が漸増傾向にあり、これが減少に転じるのは一九八〇年以降のことなのである（図4）。

つまり、新しい市民の台頭が期待されたコミュニティ施策が展開する一九七〇年代は、むしろ都市自営業者がその地位を確立する最盛期に当たっていたというべきである。したがって、新しい市民の台頭を待つまでもなく、従来までの都市自営業者を中心とした町内会で十分対応が可能であったはずである。事実、すでに見たように、その後のコミュニティ政策では、改めて自治会・町内会を中心としたコミュニティの組織化という方針が、多くの自治体によって採用されていく。

皮肉なことに、新しい市民の台頭を期待し、町内会を排除しようとしたコミュニティ施策によって、改めて町内会を中心とした都市の新しい統治形態が確認されることになった。私は、むしろこの一九七〇年代にようやく、明治地方自治制に代わる都市の新しい統治形態として、「町内会体制」が確立したと考えている。

しかしそれは、敗戦からGHQによる禁止、住民運動と革新自治体の台頭をへた、長い紆余曲折の果てにようやくたどり着いたがゆえに、確立したときにはすでにその基盤が失われる時期に近づいていたのである。

第五章

町内会と市民団体——新しい共助のかたち

†グローバル化と都市自営業者層の衰退

一九七三年のオイルショックからいち早く立ち直った日本経済は、一九八〇年以降、世界を席巻する。ホンダのバイク、トヨタの自動車、ソニーのウォークマンが世界中に広がり、その勢いは一九九〇年代初頭のバブル崩壊まで続くことになる。その過程で、日本の大企業は多国籍企業へと成長し、経済のグローバル化が進むことになる。

他方で、ダイエー、イオン、イトーヨーカドーという日常買い回り品を扱う大資本も台頭し、それまで大店法によって守られてきた地元商店街も、セブンイレブンなどのコンビニのフランチャイズ化戦略によって、その内側から崩されていくことになる（新 二〇一二）。その大店法も二〇〇〇年にはとうとう廃止される。バブル崩壊後には、それまで日本の大企業の屋台骨を支えてきた中小零細自営の下請企業が、後継者不足なども手伝って、急速に減少していくことになる。

すなわち、一九八〇年代以降、グローバル化の進展にともない、一方では大企業と中小零細自営部門からなる日本経済の二重構造が徐々に解消されていき、他方では戦前とは異なって日常買い回り品を扱う大資本の成長によって、地元商店街を支えてきた自営の商店も、その存立基盤を失っていく。つまり、それまで町内会を中心的に支えてきた都市自営業者層が衰退していくのである。

たとえば、昭和の初めに二〇代で自営業者となって町会を設立した世代は、戦後間もない頃に四〇代で土地を取得して地付の自営業者としての基盤を固め、一九七〇年代までは六〇代で町会長などの役職をつとめたとしても、一九八〇年以降には、七〇歳以上の年齢に達してくる。二〇〇〇年前後にほぼこの世代は一生を終えることになっただろう。つまり、大衆民主化の時代に、町会を支えることで初めて国家に認められて戦争へと動員され、戦後も行政への協力を通して自らの存在を示してきた世代は、もはや存在しないのである。

彼らの多くは子どもに大学まで進学し、一般企業に就職することを望んだのであり、自らの事業を継がせることはしなかった。しかも都市の自営業者が存立する基盤は、かつてほど厚いものではなくなっていった。それゆえ、一九七〇年代にようやく確立した町内会体制は、一九八〇年を境に徐々に衰退していき、現在ではすでにこれまでと同じように自治会・町内会が存続する基盤は、失われたと考えるべきである。

†町内会体制がもっていた可能性

ここで明治地方自治制から町内会体制へと至る、日本のコミュニティにおける自治や統治の変遷について、少しふりかえっておきたい。それはつねに国家の側での統治性のあり方と、住民の側での階級性にもとづく自治への希求のせめぎ合いであった。

明治地方自治制においては、封建制の下での身分的な支配からの解放の要求が、とりわけ自然村の範囲で実質的な社会的指導層であった豪農層において、国会開設と政治参加の要求として噴出した。これにたいして明治政府は合併を強行することで行政村を形成し、彼らの要求を区長・区長代理として行政の執行過程に留めるという統治の形態を生み出した。この時点では、住民を社会的に代表しうる人々の自治の営みは、行政への協力というルートを特権的に占めることに留まったといえよう。

その後、都市を中心とした資本主義市場経済の浸透による大衆民主化の胎動は、都市の民衆騒擾、労働争議、小作争議というかたちで噴出し、男子普通選挙制の導入を余儀なくした。と同時に、当面は治安維持法による強権的な支配に頼らざるをえない状況をもたらした。そこからやがて町内会という、広い意味での労働者階級としての都市雑業層や労働者から、都市自営業者へと上昇した人々を中心とした、新しい住民組織を介した統治の形態が、戦時体制の下で整備されていく。この町内会体制とでもよぶべき統治形態は、敗戦による紆余曲折をへながらも、やはりコミュニティのレベルでの中心的な社会層を、行政末端の補助機構として組み込むことに成功したように見える。

しかし、それなら町内会体制は労働者階級の一部を組み込んだだけで、明治地方自治制の単純な再生産であったと見てよいのだろうか。つまり、相変わらずコミュニティの指導層は行政の執行過程への協力だけで満足し、政治的意思決定からは排除されたままだったのだろうか。

私はこの点については、政治的な偏りはあったとしても、町内会体制において一定の進展があったと評価している。かつての中選挙区制の下では、とりわけ政権政党である自民党は、同じ選挙区で複数の当選者を出す必要があった。それゆえ各候補者は同じ政党ではあっても、それぞれ別個に個人後援会組織をもつ必要があった。この個人後援会組織を支えたのが、実は町内会を支えていた都市自営業者だったのである。彼ら彼女らは、自民党の党員として衆議院議員の地区組織を支えていただけではなく、地方選挙などでは選挙参謀のような役割も果たしていた（玉野 二〇〇五）。町内会長をへて、地方議員となり、国会議員を支える場合も多かった。

一九七〇年代から八〇年代にかけて、都市自営業者層の一部は一方で町内会を通して行政の執行過程に協力し、他方では政治家の個人後援会組織を支えることで、政治的意思決定にもそれなりの影響力を行使することのできる存在となっていった。

筆者はコミュニティ政策の過程で、だいたいは行政の方針にしたがってこれに協力している町会長さんが、いざとなったら行政職員には変更できない事柄を、議員に働きかけることで変えてしまうという場面に遭遇することがあった（玉野 二〇〇五）。町会長さんたちはこのような奥の手があることをよく知っているのである。また、彼らの勧めで自民党のボス議員と直談判して自分たちの要求を実現させたという、子どもに関する活動をしている一介の主婦である女性に出会うことも一度かぎりではなかった。

つまり、町内会体制の内側で、都市自営業者層は政治的意思決定へのルートをも確保しつつあった。あくまで与党議員とのつながりという範囲ではあるが、明治地方自治制の時代を超える可能性を示していたのである。

一九七〇年代以降、彼らを党員として組織し、総裁選挙にも関与させるという方策を通じて、実は自民党は大衆政党へと脱皮していった。それが、コミュニティ政策の展開した一九七〇年代こそが、実は町内会体制の確立期であったという筆者の主張の根拠である。その結果が、八〇年代以降の保守回帰傾向であり、改めて自民党の党勢が拡大していく理由だったのである。

†町内会と日本の政治構造

日本の保守政党である自民党は、一方で明治の藩閥政府以来の、中央の官僚機構が国際情勢をふまえて、資本の育成と誘導も含めた国全体の舵取りをしていくという中央集権的な官主導の勢力を基盤としつつも、他方で政友会以来の地方単位で大衆を組織していく党人的な側面を有していた。

基本的には大資本優先の政策を基調としながらも、大企業雇用者を中心とした労働組合を基盤とした社会党とは異なる勢力を、選挙の支持基盤として意識した政策を採用する必要があった。それゆえ農地改革によって根強い支持基盤となった農民層を中心としながらも、都市の中小零細自営部門にも配慮した政策を進めたのである。

一九七三年に制定される大規模小売店舗法（大店法）は、一定規模以上の大型商業店舗が出店する際には、地元商店街との間で十分な協議を行うことを義務づけたもので、出店までには長い時間を要し、事実上大規模店舗の進出を規制して、地元商店街を守る役割を果たした。こうして、一九七〇年代を中心に、自民党は村落においては米価の調整などで農家を保護し、都市においては大店法等で自営業者を保護して、この両者を選挙の際の主たる支持基盤としてきたのである。

このような文脈の中で、戦後しばらくの間、「保守的伝統の温存基盤」とみなされた町内会は、やがて一九七〇年代には自民党議員の後援会組織を支えることを通じて、政治的意思決定へのルートをも確保していった。それゆえ、町内会体制はむしろ一九七〇年代に確立し、一九八〇年以降の再保守化の基盤となったと考えられる。

†政治改革と自公連立

ところが、すでに述べたように、一九八〇年代以降の経済のグローバル化は、徐々に都市自営業者層の存立基盤を失わせることになった。他方、大企業を中心とした日本経済の興隆は、大企業雇用層の組合離れと保守化をもたらし、自民党は徐々にそちらへと支持層を拡大していく。

一九九〇年代以降の政治改革による小選挙区比例代表並立制の導入と「自民党をぶっ壊

す」と喝破した小泉政治の展開は、自民党がそれまで選挙の支持基盤としてきた農民と中小零細自営部門を切り離し、大企業部門へと傾斜する動きを意味していた。

小泉純一郎がこだわった郵政民営化とは、それまで財政投融資として地方への利益誘導に使われていた資金を、中央の金融資本投資へと誘導し、田中角栄以来、自民党政治が長く依拠してきた郵便局長や農民・自営業者などを中心とした地方支配の構造を転換しようとするものであった。自民党はもはや地方の支持基盤を当てにせず、中央のグローバル資本を中心とした保守政党へと脱皮しようとしたのである。

しかしながら、それは組織された手堅い支持基盤を失うことを意味し、自ずと選挙を無党派層をポピュリズム的な手法でひきつけるしかないものにしていった。度重なる政治改革の下での諸政党の離合集散が、最終的に自民党と公明党の連立によって再度安定化するのは、公明党の支持基盤としての創価学会が、かつての都市自営業者層による後援会組織の代替として機能し、旧来の保守政治の構造が再現されたからである。

同時に、創価学会が日蓮正宗本山と決別することで、それまで神社の祭礼との関係もあって忌避されていた学会員の町内会との関わりが、自公連立の下で徐々に広がっていくことになる。実は町内会を担ってきた都市自営業者層と創価学会の会員は、やはり広い意味での労働者層を母体として自らの存在を認められることを欲した、大衆民主主義的な文脈を同じくするものであった。しかしそれについては別で論じたので（玉野 二〇〇八）、ここではこれ以上述べない。

いずれにせよ、一九八〇年代以降、都市自営業者層の経済的な基盤は徐々に失われていった。そして、一九九〇年代以降には保守政党による政治的な保護も失われるのである。こうして二〇〇〇年代以降現在に至って、すでにかつてのような意味での町内会体制は望むべくもないと考えるべきだろう。

†町内会への期待

ところが、本書の冒頭で述べたように、阪神・淡路大震災と東日本大震災以降、逆に町内会への期待は非常に高まることになる。戦後GHQによって町内会が禁止されて以来、長い間おおっぴらに支援することをためらっていた行政も、今では「町内会に入りましょう」と市の掲示板で呼びかけたり、自治会等への支援に主眼を置いた条例を制定するに至っている。二〇二四年一月一日時点で、二一四の市区町村で同様の条例が確認されている（表2）。

表２　自治会等への加入に主眼を置いた条例

- 塩尻市みんなで支える自治会条例
- さいたま市自治会等の振興を通じた地域社会の活性化の推進に関する条例
- 八潮市町会自治会への加入及び参加を進めるための条例
- 所沢市地域がつながる元気な自治会等応援条例
- 川崎市町内会・自治会の活動の活性化に関する条例
- 出雲市自治会等応援条例
- 大洲市地域自治推進条例
- 草加市町会・自治会への加入及び参加を促進する条例
- 品川区町会および自治会の活動活性化の推進に関する条例
- 宮崎市自治会及び地域まちづくり推進委員会の活動の活性化に関する条例
- 渋谷区新たな地域活性化のための条例
- 都城市自治公民館加入及び活動参加を促進する条例
- 羽島市自治会への加入及び参加を促進する条例
- 川口市町会・自治会への加入及び参加の促進に関する条例
- 倶知安町町内会等への加入及び参加を促進する条例
- 立川市自治会等を応援する条例
- 八王子市町会・自治会の活動活性化の推進に関する条例
- 四日市市自治会加入の促進と自治会活動推進のための条例
- 市川市自治会等を応援する条例
- 苅田町自治会に係る加入促進及び活動推進に関する条例
- 倉吉市自治公民館への加入及び参加を促進する条例
- 笠間市行政区への加入及び参加を促進する条例
- 那須塩原市自治会活動の促進に関する条例
- 札幌市未来へつなぐ町内会ささえあい条例

出典：地方自治研究機構
（http://www.rilg.or.jp/htdocs/img/reiki/048_promotion_of_residents_association.htm）2024 年 2 月 28 日更新版から作成

また、特に自治会・町内会を名指しにしているわけではないが、「まちづくり条例」や「自治基本条例」などを制定し、これにもとづく住民協議会などの地域自治組織を作る自治体も増えている。条例でこれらの組織を公的な団体と認めて、行政との制度的な関係を保証しているわけである。そして、それら住民協議会を支える中心的な存在として、事実上、自治会・町内会が位置づけられている。都市内分権ないし自治体内分権とよばれる試みがそれである（名和田 二〇二一）。

町内会を支える都市自営業者層がまだ健在で、十分な余力のあった一九七〇年代までには、決して公式には認められなかった行政による公認が、もはやかつてのような担い手層が存在しなくなった時点になって、ようやく認められるようになったのは、いかにも皮肉なことである。はたして現在の自治会・町内会には、このような期待に応えるだけの余力が残っているのだろうか。

†例外としての町内会

ここで町内会という希有な存在が、歴史の偶然によって生まれたものであることを改めて確認しておきたい。

近代の資本主義市場経済の成立によって、自らの労働力を自由に処分できるという意味で、身分制の支配を脱した労働者大衆が台頭した。この広い意味での労働者階級が、自らをひとかどの、ちゃんとした、リスペクタブルな存在であると認められることを求めたのが、大衆民主化の時代であった。日本の場合、それは労働者による労働組合を通した労働運動によってではなく、都市自営業者が町内会を通して天皇制ファシズムを臣民として支えるというかたちで実現することになった。それゆえ戦後、町内会は「封建遺制」とみなされ、アメリカ占領軍によって禁止されたのである。

しかしながら、昭和初期の一九三〇年代に村落から都市に流入して自営業者になった世代が一九一〇年前後の生まれであるとしたら、戦時中は三〇代、戦後復興から高度成長期には四〇代～五〇代となり、一九八〇年代になると七〇代ということになる。すでに見たように一九八〇年代以降、町内会を支えてきた都市自営業者の経済的な基盤は失われ、この世代は年齢的にも終盤に近づいていく。自治会・町内会の存続が危ぶまれるようになる二〇一〇年代には、ほぼ世代としては尽きているといってよいだろう。

つまり、自治会・町内会を積極的に支えるだけの理由のあった世代は、もはや存在しない。全戸加入を原則とし、行政への協力を惜しまないような民間の任意団体を積極的に支える人は、通常ならば、それほど多くはないだろう。そのことが自らの存在証明になるという歴史的な事情を有した世代は、もはや存在しないのである。

†避けられない町内会の弱体化

したがって、まずは町内会のような住民組織が存続することが当たり前と考えることを、やめるところから始める必要がある。その事情は、一般には「フリーライダー問題」とよばれるもので説明できる。「共有地の悲劇」とも言われる。共有地のように誰もが自由に利用できる公共財は、各自が自らの利害にもとづき際限なく利用してしまうので、やがて乱獲によって枯渇してしまうという経済学的な法則を意味している。

言い換えると、そのような公共財は誰かが努力して維持していてくれているならば、他の人はできるかぎりそのような公共財の維持に自ら負担をすることなく、ただ乗りしようとしてしまうということである。公共財を維持してくれる殊勝な人がいなくなると、やがてその公共財は維持できなくなり、ただ乗りしていた人も含めて被害を被るという問題を指摘したものである。

町内会はいわば公共財のようなものである。日頃から行政に協力し、地域の親睦行事を支え、ごみ集積所の管理などもしてくれる。あると助かるし、いざというときありがたいが、日頃からそれを積極的に支えようとは、誰も思わない。それは、誰かがやってくれれば助かるが、できれば参加したくないものなのだ。町内会は全戸加入を原則に、つねに地域のために必要なことを行う団体なので、参加者が好きなことを自由に行える団体ではない。みんなのために必要なことをやることが、自分のやりたいことなのだという人は、残念ながら、それほど多くはないだろう。

一般に共同防衛などの公共的な事柄は、皆そういう性質をもっている。国家や自治体が維持できるのは、税金を集めるだけの権力を有し、公務員に給料を払うことができるからである。町内会のような任意団体にはそのような権力も財力もない。ひたすら人々の公共心に訴えるしかない。そのような民間団体が五〇年以上も維持されてきたのは、奇跡に近いと考えた方がよい。しかも衰えたとはいえ、まだ半分近くの住民を組織しているのである。捨てるには惜しいが、このまま維持することはむずかしいというのが、自治会・町内会なのである。

最後に、これらのことを前提として、自治会・町内会を含めた日本の地域社会の将来について、展望してみたいと思う。

†市民活動の台頭

今後の日本の地域社会を考えるうえで、自治会・町内会と並んで、逸することのできないのが、NPOなどの市民活動団体である。阪神・淡路大震災が起こった一九九五年がよく「ボランティア元年」とよばれる。神戸の震災だけでなく、同じ年に起こった日本海の重油流出事故の際にも、全国から多くの災害ボランティアが参集し、注目を集めた。ボランティアをはじめとした市民の活動を活かすべく、一九九八年には特定非営利活動促進法(いわゆるNPO法)が議員立法で制定される(熊代編 二〇〇三、原田 二〇二〇)。自治会・町内会に代わる市民活動団体への期待がふくらんでいくのである。

実は、戦後町内会が封建遺制としていずれなくなるだろうと言われたときも、後の旧自治省によるコミュニティ施策の際にも、このような新しい市民団体への期待が語られてきた。町内会・自治会とこのような市民活動団体が、どのように関わっていけばよいかが、コミュニティをめぐる主要な課題であり続けてきた。ここでの展望も、基本的にはこの線に沿って考えることになる。

†水と油の町内会と市民団体

まず、改めて市民活動団体と町内会との違いについて確認しておきたい。いわゆる市民活動団体には、たとえばＮＧＯとよばれるようなグローバルな領域で、特定の地域にはこだわらない活動団体もあれば、ある程度の地域性をもって活動するＮＰＯや社会福祉法人、環境団体、法人格をもつには至らないさまざまな学習サークルや子ども会、愛好会などが含まれる。いずれにせよ次のような性質をもつ。

市民活動団体は、いずれも近代的な社会集団であって、個人単位の任意加入で、特定の限られた活動を行っている。この点で全戸加入を原則として多様な活動を行う町内会とは異なっている。つまり、あくまで個人の関心を軸として、その自発性によってのみ支えられている団体なのである。したがって、基本的にやりたいと思う人がやりたいことを自由にやっているという組織なのである。

これにたいして自治会・町内会の場合は、自分の好きなことよりも、地域にとって必要なことをやっているという意識が強い。それゆえ、これまで市民活動団体と同列に扱われることを拒んできたところがある。「あいつらは自分の好きなことをやっているだけじゃないか。そんなのと一緒にされては困る」というのが、町内会の側の言い分であった。とりわけ行政にたいしては、まずは自分たちに一目置くことを求めてきた。市民活動団体にたいしても、自分たちをまずは尊重するのが当然だと考えたのである。

それゆえ両者の連携は、ことのほかむずかしかった。長い間、多くの人が加入率や活動力が徐々に衰えてくる町内会を、台頭してきた市民団体が補うという連携の構図を期待してきたが、なかなか実現しなかったのである。

†期待される雪解け

ところが、ここにきて両者の側に少しずつ変化が見られる。すでに述べたように、自治会・町内会は今後も確実に衰退していくことが避けられない。高齢化と担い手不足である。どうあがいたところで、かつてほどの活動力がなくなっていくことは否めない。そもそも全戸加入原則の下に共同防衛という公的な活動を自らに課しているかぎり、フリーライダー問題がついてまわる。担い手不足は構造的なのである。自治会・町内会にこれまで通りの末端行政の下請け仕事を任せることは徐々にできなくなっていく。なによりも行政が、このことを認めて受け入れるべきである。自治会・町内会の側でも、地域での具体的な活動を自分たちだけで維持していくことは、もはや困難になっていくだろう。

　他方、「自分の好きなことしかやらない」と揶揄されることの多かった市民活動団体も、今では公共的な課題解決を目的とすることが多くなった。つまり、公共的な課題を解決することに関心を持ち、そのことが好きだという人が集まって活動するようになったのである。子育てや介護、環境保全や防災活動などである。もちろん、その場合も課題そのものは限定されたものなので、自治会・町内会のように何でもやるというわけではない。それでも関心のある人が集まるので、それなりの活動力は維持されている。

　つまり、自治会・町内会の側では具体的な活動の維持が困難になり、市民団体の側では関心が限定されているとはいえ、公共的な活動が増えている。単純に考えれば、自治会・町内会の個々の活動を市民活動団体がそれぞれ担ってはどうかと思ってしまう。これまでは自治会・町内会の側にもある程度の活動力が残っていたので、おいそれと市民活動団体に任せることなどできなかったが、だんだん背に腹は代えられなくなるのではないかということである。

†行政の思惑

ところで、自治会・町内会の活動力の低下を、実は一番心配しているのは行政である。明治地方自治制にせよ、町内会体制にせよ、それらは行政課題に取り組むうえでの「最大動員システム」として多大な貢献をしてきた。町内会体制の崩壊を目の前にして、第三のシステムを行政は模索せざるをえない。行政からすれば、自治会・町内会であろうが、市民活動団体であろうが、最大動員システムとして行政への協力が調達できれば、どちらでもよいのである。事実、市民活動団体が行政の下請け仕事をやらされているとか、市民と行政の協働と言いながらも、もっぱら汗をかいているのは市民の側で、行政は全体的な調整をしているだけだという声も聞かれる。

つまり、かりに町内会と市民団体がうまく連携できたとしても、行政との関係がどうなるかが問われることになる。明治地方自治制や町内会体制に代わる第三の地域自治のシステムが、これまでの成果と限界をふまえて、どのように展望できるかが、真の課題なのである。

それは、本書が用いてきた用語にしたがえば、行政の側の統治性と住民の側の階級性との兼ね合いということになる。行政の側の統治性については、つねに最大動員システムとして住民の側に自発的な協力を求めつつも、意思決定への関与については、これを巧妙に避けるという特質を有してきた。それがこれまでの行政の思惑だったのである。

†統治性と階級性の矛盾

はたして、このような都合のよい特質がこれからも維持できるのだろうか。もはやそれは不可能であると観念することが、行政が諦めて受け入れるべきことなのではないだろうか。しかしながら、現在でも同じことを行政は自治会・町内会のみならず、市民活動団体にたいしても行おうとしている。委託や補助金の制度を使って、行政が求める活動へと誘導しようとする。市民活動団体の側も、資金不足ゆえに表向きそれを受け入れているかに見える。しかし、はたして市民活動団体を支える人々の階級性は、行政の旧来からの統治性を引き続き受け入れていくだけの持続性をもちうるのだろうか。

明治地方自治制の場合は、豪農層が旧村の共同体的秩序を代表して行政に協力する区長・区長代理という地位を得ることで、それ以上の政治的意思決定までには進まなかった。しかしその後、政党政治を介した大正デモクラシーの下で大衆民主主義が求められていく。

そこで台頭した労働者階級は、国家によって労働運動が弾圧されたので、都市の自営業者として町内会を支えることを通して自らの社会的地位の向上を図り、積極的に行政へと協力していく。さらに自民党の政治家後援会を支えることで、やがて政治的意思決定にもある程度の影響力を行使するようになる。

†何を捨て、何を継承すべきか

都市自営業者が残した町内会・自治会の成果と課題は、市民活動団体を積極的に支える人々の階級性ともあいまって、今後どのように展開していくのか。これまでの成果のうち、何を捨て、何を継承すべきなのか。他方、それを通して行政の統治性には、どのような変化がありうるのか。

明治地方自治制における豪農層、町内会体制における都市自営業者層に続いて、これから新しい第三の形態を模索する市民が、行政への協力に留まらず、政策的な意思決定にも参加ないし参画していくことを求めるのは、いわば歴史の必然と考えるべきだろう。そのような市民が、具体的にどのような社会的基盤にもとづく階級性を帯びるかについては、現時点ではよくわからない。ひょっとしたらそれを階級性とよぶこと自体がまちがいなのかもしれない。

しかし、いずれにせよ彼女ら彼らが自らの意思と自立性にもとづく願いを、他者との関わりの中で実現することのできる仕組み（＝新しい共助）を求めるであろうことは、確かだろう。身近な地域社会でそれを実現できる地域自治を支えるコミュニティの組織は、いかなるものになるのか。そこで町内会はどのような役割を果たせるのか。

町内会の本質は、全戸加入原則にある。その長所も短所も、すべてここに由来する。一般的な市民活動団体とは異なり、全戸加入原則を掲げることで、町内会は地域住民を代表して行政と折衝できる特権的な地位を確保することができた。

しかし、実際に町内会を支えてきたのは、ごく少数の人々である。この少数の人々が行政の下請け仕事を積極的に引き受けることで、その特権的な地位を維持してきたのである。そのような下請け仕事は誰もがやりたがるわけではないので、どうしても限られた人が引き受けることになる。それゆえ、そのような特権を活用できるのも、限られた人だけになってしまう。

町内会が切り拓いたのは、この行政との特権的な関係であった。さらに一部の町内会の担い手層は、議員を介して政治的な意思決定にもある程度の影響力を行使するまでになった。しかし、それは全戸加入原則によって地域住民を代表しているという建前があるにもかかわらず、実際には少数の人々の特権として機能し、きわめて不透明なものになってしまっている。

しかし、自治体の行政や議員がその声を聴かざるをえない特権的な場を、町内会が確保してきたということの成果は、住民自治にとってはかけがえのない財産なのである。このことは継承するに値する、捨ててしまうには惜しい成果なのである。

そうすると問題は、この特権的な場をどのように開放し、いかにして文字通りの全戸加入原則を実現するかということである。

†協議、決定、要求する場としての町内会

そこで町内会を、住民が誰でも参加して、行政とともに協議し、決定し、場合によっては議会に要求を突きつける、そんな開かれた協議の場にするというのはどうだろうか。これまで町内会は、行政への協力などの具体的な活動を行う団体と考えられてきた。具体的な活動を行うためには、活動力のある若い担い手を確保する必要があった。そのことがしんどくなってきたのだから、やめてしまおうということである。

そこは捨てて、行政や議会への窓口機能だけを残すのである。住民の声が町内会という場に集約されることは、行政にとってもありがたいことである。しかもそこがこれまでのような一部の人々ではなく、すべての住民に開かれているならば、あちこちに配慮して民意を集約する手間を省くことができる。行政はその時々の行政課題をそこに持ち込むことで、住民と協議したうえで、住民に協力してもらう事柄を調整することもできるだろう。行政にとっても、そのような場が一元化されることには、メリットが多い。

事実、自治基本条例などにもとづく都市内分権制度は、実はそのようなことを意図していると見ることもできる。町内会そのものではないが、条例によって公的な組織として認められた住民協議会が、そのような場になることが期待されているのである。

†市民活動団体の役割

しかし、町内会が単なる協議の場になって、具体的な活動がなくなることは、行政にとっては、これまでやってもらっていた諸々の下請業務が動かなくなるので、大変な損失である。これについてはどうすればよいのか。そこで、ここに市民活動団体を位置づけるのである。これまで町内会がやってきた活動のひとつひとつを、それに興味をもって活動している市民活動団体に任せるのである。

お祭りはお祭り好きの同好会に、子ども会は子どもの活動をやっている団体に、ごみ集積所の管理は環境美化の団体に、親睦行事や防災活動もそれを引き受けてくれる市民団体があるだろう。なければやめてもよいし、業者に委託したってよい。そのための補助金を取る専門スタッフを雇ったっていいのである。

もちろん、純粋な行政の下請け仕事に関心をもつ市民団体は少ないだろうから、お知らせの配布などは業者に依頼し、各種委員の募集などは町内会から各団体に呼びかければよい。本来は行政がやるべきことなのだから、引き受け手がいなければ断ってもよい。

このように、具体的な活動については、その活動に関心をもってやりたい人が自由にやれるようにするのである。町内会は全体的な調整と決定だけをやればよい。骨の折れる具体的活動からは身を引き、それだけを引き受けるのならば、長年の活動で培ってきた役員たちの信頼や人脈が活かされるだろう。

他方、市民活動団体がそうやって日頃から町内会に関わりをもっていれば、協議の場は誰もが参加できる開かれたものになるだろう。個々の市民団体は行政に言いたいことがたくさんあるだろうし、議会に要求ができるなら、その場を活用したいと考えるだろう。

†代議制民主主義との関係

最後に問題になるのが、議会との関係である。コミュニティ政策が始まった頃や、参加や自治、自治基本条例や住民投票などが議論になるたびに、横やりを入れるのが議会である。代表制民主主義の下で、住民が直接政治的決定に関与するのは、議会をないがしろにするものであるという批判である。これについてはどう考えればよいか。

まず、基本的に代議制を採っているのは、いちいち主権者がすべてを決定することが困難だからであって、それが可能ならその方がいいに決まっているという、そもそもの原理を確認しておきたい。自分たちが選挙で選ばれているからといって、主権者が直接決めることを、自分たちをないがしろにするものだといって難色を示すのは、本末転倒も甚だしい。議員の傲慢以外の何物でもない。むしろ自分に権限を与えてくれている主権者をないがしろにしているのは議員や議会の方である。

百歩譲って、議会も無視すべきではないという議論を受け入れるとしても、町内会が住民と行政の協議の場となって、さまざまな事柄を決定していくことが、そもそも議会をないがしろにすることになるのだろうか。

町内会が協議の場となって、住民の合意の下、行政との協働が進められるような事柄は、身近な地域課題に限定されるだろう。そもそも議会がいちいち決定するような事柄ではない。通常は、行政の裁量の範囲内での住民との役割分担に関わることに限定される。たとえば、議会で承認された予算にもとづく災害時の要援護者支援の体制整備において、どこまで住民自身に任せるかなどという細かなことを決めるのは、行政の判断に任せればよいことで、議会がいちいち口出しすることではない。

住民自治の活動は、通常はこの範囲に収まるのである。この範囲で住民の意見が尊重され、その主体的な参加が確保され、行政の執行が効率的で実質的なものになることが、重要なのである。この点で行政の意向がこれまでのように優先されるか、住民や市民の意見が尊重され、真の意味での協働が成り立つかが、問題なのである。

市民の階級性に対応した行政の新しい統治性が生まれるか否かが、きたるべき第三の自治と統治のシステムが成立する際の条件になるだろう。

しかし、ときとしてこの行政の裁量の範囲を越える問題が、決定的な意味をもつことがある。そのときこそが議員や議会の出番である。基本的な方針の変更や予算の確保、法的な整備などは議会にしかできないことである。この場合は、先の協議の場に議員も積極的に参加すべきである。そこで住民の意向を把握し、行政の裁量の範囲内では解決できない問題について、議会としての政治的意思決定が、いかにあるべきかを住民とともに討議すべきなのである。

住民の側からいうと、いざというときには、この議会での政治的意思決定にも関与が可能であるという仕組みが必要である。自治体政府への一般的な信頼を確保するためにも、町内会という身近な協議の場から議会への要求が出せるという仕組みの導入が求められる。町内会体制の下で都市自営業者層が自力で開拓した、いざとなったら議員を動かすという政治的手腕を広く市民に開放し、公式化するのである。

町内会という日本の近代が生み出したかけがえのない資産を、行政との折衝と議会への政治的要求とを可能にする、市民の協議の場へと受け継ぐことはできないかというのが、本書の結論なのである。

おわりに

本書は、現在、町内会の担い手不足に悩む人々や、その存在意義はわかるが、もう少し何とかならないかと考えている人たちに、町内会のよってきたるところを明らかにし、どう考えればよいかを示すことを、その一つの目的としてきた。

ここまで通読し、おつきあいいただいた方が、どう評価してくれるかはわからないが、町内会に関するよくある疑問については、それなりの回答が得られたのではないかと思う。なぜ全戸加入を求めるのか、どうして行政の下請け仕事のようなことをするのか、本当にやらなければならないことは何なのか、町内会にしかできないことは何か。

町内会はいざというとき、住民どうしが助け合うこと（共助）や、行政や政治に要求すること（公助）が、円滑に連動できるように、日頃からゆるやかなつながりを維持することに、その存在意義がある。

したがって、活動自体が住民や担い手の負担になったり、行政の下請け仕事で役員が疲弊するようなことは、極力避けるべきである。活動はなによりその担い手自身が楽しめることを優先し、地域の人たちがそれとなく知り合える親睦を旨とすべきである。行政からの要請には、ときとしてそれを断る勇気をもつべきである。総会での事業報告や会計報告を、広く地域の人々にお知らせし、いざというときに当てにしてもらえるような、それほど負担にはならない会費も納めてもらえるような、最低限の信頼を維持していけばよいのである。

実践的な意味での結論は、以上の通りである。他方で、本書は社会科学的な解釈という意味では、かなり挑戦的で、独自の見解を示してきた。

近代の都市化の過程で、一部の地域で、一部の住民の利害からとはいえ、住民自らが共同防衛のために町の会を結成する。その営みが国家=行政に認められることで、一部の人々が社会的に上昇し、大衆として平準化していったことは、民主化といえば、民主化であった。しかし、それは国家の意向に沿うかぎりでのことであり、それとは異なる国家の意向そのものの変更を求める、異質な存在を含めた政治的営みにまで届くものではなかった。

欧米では労働者階級が労働運動と労働者政党を通じて体制内化したとはいえ、それが社会的存在としての平等な人権の尊重と、政治的意思決定への参加を求めたものであったがゆえに、その後も女性や少数民族、グローバル・サウス、ＬＧＢＴＱなどのマイノリティの運動へと引き継がれていった。それにたいして、日本の労働者階級は都市自営業者層という形態で行政権力へと包摂されていったがゆえに、社会的な異質性を受け入れ、政治的な決定をめぐる熟議ないし闘技に耐えることが少ないのである。それはまた、その意向に沿うものだけを受け入れ、その他の異質な存在を隠然と排除する日本の国家ないし政府のもつ統治性の特質とも関連している。

町内会という卑近な存在から、日本の社会や国家の特質を垣間見るということも、本書がめざしたもうひとつの目的であった。それが達成できたかどうかも、読者に委ねるしかない。町内会がいざというとき、外国人も含めたあらゆる住民と行政職員、さらには議員も集まって討議＝闘技する場を提供できるならば、日本の自助、共助、公助もずいぶんと違ったものになるにちがいない。

参考文献（アルファベット順）

秋元律郎、一九七一『現代都市の権力構造』青木書店
朝日新聞デジタル「どうする?自治会・町内会」https://www.asahi.com/opinion/forum/012/（二〇二四年四月一五日閲覧）
雨宮昭一、一九九七『戦時戦後体制論』岩波書店
安良城盛昭、一九六三「地主制の展開」『岩波講座日本歴史　近代3』岩波書店
安良城盛昭、一九七〇「地主制の成立」『歴史学研究』第三六〇号、一一九〜三六頁
安良城盛昭、一九七二「日本地主制の体制的成立とその展開（上・中の一・中の二・下）」『思想』第五七四、五八二、五八四、五八五号
新雅史、二〇一二『商店街はなぜ滅びるのか――社会・政治・経済史から探る再生の道』光文社新書
有賀喜左衛門、一九六六『有賀喜左衛門著作集Ⅰ・Ⅱ　日本家族制度と小作制度（上・下）』未來社
Crossicks, G. 1978 *An Artisan Elite in Victorian Society: Kentish London 1840–1880*, London: Croom Helm.
エンゲルス、F、一九七一『イギリスにおける労働者階級の状態1・2』国民文庫
藤野裕子、二〇一五『都市と暴動の民衆史――東京・1905―1923年』有志舎
フーコー、M、二〇〇六『フーコー・コレクション6　生政治・統治』ちくま学芸文庫
フーコー、M、二〇〇七『ミシェル・フーコー講義集成7　安全・領土・人口――コレージュ・ド・フラ

ンス講義1977―1978年度』筑摩書房
フーコー、M、二〇〇八『ミシェル・フーコー講義集成8　生政治の誕生――コレージュ・ド・フランス講義1978―1979年度』筑摩書房
福武直、一九八六「同族結合と講組結合」中田実・高橋明善・坂井達朗・岩崎信彦編『リーディングス日本の社会学6　農村』東京大学出版会、六一～七〇頁
Gray, R. Q. 1976 *The Labor Aristocracy in Victorian Edinburgh*, London: Oxford University Press.
ゴードン、A、一九八七「戦前日本の大衆政治行動と意識を探って――東京における民衆騒擾の研究（一九〇五―一九一八）」『歴史学研究』績文堂出版、第五六三号、一七～二八頁
濱島朗、一九六〇「戦後日本の階級・階層関係とその動態」福武直編『日本人の社会意識』三一書房、九～二七頁
原田峻、二〇二〇『ロビイングの政治社会学――NPO法制定・改正をめぐる政策過程と社会運動』有斐閣
原純輔、一九八一「職業経歴の社会学的研究――到達点と課題」『職業の社会学的研究（その3）』雇用促進事業団職業研究所、二～三一頁
服部之総、一九七四a『服部之総全集11　自由民権』福村出版
服部之総、一九七四b『服部之総全集16　近代日本のなりたち』福村出版
間宏、一九六〇「経営家族主義の論理とその形成過程――日本労務管理史研究序説」『社会学評論』第一一巻一号、二～一八頁
間宏、一九六四『日本労務管理史研究』ダイヤモンド社
日高昭夫、二〇一八『基礎的自治体と町内会自治会――「行政協力制度」の歴史・現状・行方』春風社

平田美和子、二〇〇一『アメリカ都市政治の展開——マシーンからリフォームへ』勁草書房
色川大吉、一九七六『明治精神史（上・下）』講談社学術文庫
色川大吉、一九八四『日本の歴史21　近代国家の出発』中公文庫
石田雄、一九五六『近代日本政治構造の研究』未來社
伊藤大一、一九八一『現代日本官僚制の分析』東京大学出版会
ジェソップ、B、二〇〇五『資本主義国家の未来』御茶の水書房
陣内秀信、一九九二『東京の空間人類学』ちくま学芸文庫
紙屋高雪、二〇一四『〝町内会〟は義務ですか？——コミュニティーと自由の実践』小学館新書
紙屋高雪、二〇一七『どこまでやるか、町内会』ポプラ新書
金沢市、一九七三『金澤市史（全一四冊）』名著出版
川野訓志、一九九一「戦前流通政策における地域の発見」『経営研究』大阪市立大学経営研究会、第四二巻第四号、六一～七三頁
川野訓志、一九九二「戦前期商店街政策の展開——商店街商業組合の形成過程についての一考察」『経済と貿易』横浜市立大学経済研究所、第一六一号、一二三～一四〇頁
河村望・蓮見音彦、一九五八「近代日本における村落構造の展開過程——村落構造に関する「類型」論の再検討（上・下）」『思想』第四〇七、四〇八号
菊池美代志、一九七三「居住空間と地域集団」倉沢進編『社会学講座5　都市社会学』東京大学出版会、一二七～一五〇頁
菊池美代志、一九九〇「町内会の機能」倉沢進・秋元律郎編『町内会と地域集団』ミネルヴァ書房、二一七～二三八頁

小浜ふみ子、一九九五「下町地域における町内社会の担い手層――戦前期の下谷区を事例として」『社会学評論』第四六巻二号、一八八～二〇三頁
熊代昭彦編著、二〇〇三『新・日本のNPO法――特定非営利活動促進法の意義と解説』ぎょうせい
倉沢進、一九八七「町内会と日本の地域社会」『コミュニティ』財団法人地域社会研究所、一～四七頁
栗原百寿、一九七八『栗原百寿著作集第四巻　現代日本農業論』校倉書房
マルクス、K、一九七二『資本論』国民文庫
マルクス、K、二〇〇九『共産党宣言』大月書店
マルクス、K、二〇二〇『ルイ・ボナパルトのブリュメール18日』講談社学術文庫
ムーア、B、二〇一九『独裁と民主政治の社会的起源（上・下）』岩波文庫
松原治郎・似田貝香門編、一九七六『住民運動の論理――運動の展開過程・課題と展望』学陽書房
松原岩五郎、一九八八『最暗黒の東京』岩波文庫
村松岐夫、一九九四『日本の行政――活動型官僚制の変貌』中公新書
長尾演雄・加藤芳朗、一九八七「住民運動の展開と行政対応」島崎稔・安原茂編『重化学工業都市の構造分析』東京大学出版会、七二三～七六五頁
中川剛、一九八〇『町内会――日本人の自治感覚』中公新書
中村八朗、一九六二「都市的発展と町内会――都下日野市の場合」『地域社会と都市化』国際基督教大学社会科学研究所、七九～一五四頁
中村八朗、一九六四「三鷹市の住民組織――近郊都市化に伴うその変質」『近郊都市の変貌過程』国際基督教大学社会科学研究所、七九～一五四頁
中村八朗、一九六五「都市町会論の再検討」『都市問題』東京市政調査会、第六二巻七号、六九～八一頁

中村八朗、一九七九「戦前の東京における町内会」国連大学『技術の移転・変容・開発――日本の経験プロジェクト・技術と都市社会研究部会』アジア経済研究所、二～四一頁
中村八朗、一九八〇「形成過程よりみた町内会」富田富士雄教授古稀記念論文集『現代社会と人間の課題』新評論、三四～五八頁
中村政則、一九七九『近代日本地主制史研究』東京大学出版会
中村政則、一九八五「天皇制国家と地方支配」歴史学研究会・日本史研究会編集『講座 日本歴史8 近代2』東京大学出版会、三五～八四頁
中筋直哉、二〇〇五『群衆の居場所――都市騒乱の歴史社会学』新曜社
中田実、一九九三『地域共同管理の社会学』東信堂
中田実・山崎丈夫・小木曽洋司、二〇一七『改訂新版 地域再生と町内会・自治会』自治体研究社
名和田是彦、二〇二一『自治会・町内会と都市内分権を考える』東信堂
大石嘉一郎、一九九〇『近代日本の地方自治』東京大学出版会
大河内一男、一九五五『戦後日本の労働運動』岩波新書
大河内一男、一九八一『日本人の生活と労働』日本放送出版協会
重田園江、二〇一八『統治の抗争史――フーコー講義1978―79』勁草書房
太田久行、一九七九『美濃部都政12年――政策室長のメモ』毎日新聞社
近江哲男、一九五八「都市の地域集団」『社会科学討究』早稲田大学アジア太平洋研究センター、第三巻一号、一八一～二三〇頁
Robinson, J. 2006, *Ordinary Cities: Between Modernity and Development*, New York: Routledge.
Robinson, J. 2022, *Comparative Urbanism: Tactics for Global Urban Studies*, Oxford: Wiley.

Roy, A. 2016, Who's Afraid of Postcolonial Theory, *International Journal of Urban and Regional Research* 40, no. 1: 200–209.
隅谷三喜男、一九六七『日本の労働問題』東京大学出版会
隅谷三喜男、一九七四『日本の歴史22　大日本帝国の試煉』中公文庫
鈴木栄太郎、一九六八『鈴木榮太郎著作集Ⅰ・Ⅱ　日本農村社会学原理（上・下）』未來社
鈴木栄太郎、一九六九『鈴木榮太郎著作集Ⅵ　都市社会学原理』未來社
高木鉦作、一九六〇「東京都・区政と町会連合会」日本政治学会編『年報政治学』岩波書店、第一一号
高木鉦作、二〇〇五『町内会廃止と「新生活協同体の結成」』東京大学出版会
武智秀之、一九九六『行政過程の制度分析――戦後日本における福祉政策の展開』中央大学出版部
武田尚子、二〇〇九『もんじゃの社会史――東京・月島の近現代の変容』青弓社
玉野和志、一九九〇「町内会の起源について――金沢市長町七番丁「昭和会」の場合」『社会学論考』東京都立大学大学院社会学研究会、第一一号、一〇一～一二七頁
玉野和志、一九九三『近代日本の都市化と町内会の成立』行人社
玉野和志、一九九八a「都市社会論の変遷と都市の構造変容」、倉沢進先生退官記念論集刊行会編『都市の社会的世界』三一～五四頁
玉野和志、一九九八b「コミュニティ行政と住民自治」『都市問題』東京市政調査会、第八九巻第六号、四一～五二頁
玉野和志、二〇〇五『東京のローカル・コミュニティ――ある町の物語一九〇〇―八〇』東京大学出版会
玉野和志、二〇〇八『創価学会の研究』講談社現代新書
玉野和志、二〇一八「炭鉱と労働運動――何を大事にすべきなのか」中澤秀雄・嶋崎尚子編著『炭鉱と

「日本の奇跡」――石炭の多面性を掘り直す』青弓社、一三五～一五八頁
玉野和志、二〇二二「都市とコミュニティ――求められる新たなガバナンス」後藤・安田記念東京都市研究所編『都市の変容と自治の展望』後藤・安田記念東京都市研究所
鳥越皓之、一九九四『地域自治会の研究』ミネルヴァ書房
東京市政調査会、一九二七『東京市町会に関する調査』
東京市社会教育課、一九二四『町会規約要領』
東京市社会教育課、一九二五『町会規約要領　修正再版』
東京市役所、一九三四『東京市町内会の調査』
辻中豊・ロバート・ペッカネン・山本英弘、二〇〇九『現代日本の自治会・町内会――第1回全国調査にみる自治力・ネットワーク・ガバナンス』木鐸社
筒井正夫、一九八五「日本産業革命期における名望家支配――静岡県御殿場地域の事例にそくして」『歴史学研究』績文堂出版、第五三八号、一～一七頁
海野福寿・渡辺隆喜、一九七五「明治国家と地方自治」『大系日本国家史4　近代I』東京大学出版会
ウォルターズ、W、二〇一六『統治性――フーコーをめぐる批判的な出会い』月曜社
ヴェーバー、M、一九七二『社会学の根本概念』岩波文庫
ヴェーバー、M、一九九四『社会科学の方法』講談社学術文庫
山口廣編、一九八七『郊外住宅地の系譜』鹿島出版会
山崎仁朗編、二〇一四『日本コミュニティ政策の検証――自治体内分権と地域自治へ向けて』東信堂
安田三郎、一九七七「町内会について――日本社会論ノート（5）」『現代社会学』講談社、第四巻第一号、一七三～一八三頁

横山源之助、一九八五『日本の下層社会』岩波文庫
吉原直樹、一九八九『戦後改革と地域住民組織』ミネルヴァ書房

ちくま新書
1797

町内会《ちょうないかい》
――コミュニティからみる日本近代《にほんきんだい》

二〇二四年　六 月一〇日　第一刷発行
二〇二四年一〇月一〇日　第五刷発行

著者　玉野和志（たまの・かずし）
発行者　増田健史
発行所　株式会社　筑摩書房
東京都台東区蔵前二-五-三　郵便番号一一一-八七五五
電話番号〇三-五六八七-二六〇一（代表）
装幀者　間村俊一
印刷・製本　株式会社　精興社

ISBN978-4-480-07629-8 C0230

ちくま新書

960
暴走する地方自治
田村秀

行革を旗印に怪気炎を上げる市長や知事、地域政党。だが自称改革派は矛盾だらけだ。幻想を振りまき混乱に拍車をかける彼らの政策を分析、地方自治を問いなおす！

992
「豊かな地域」はどこがちがうのか
――地域間競争の時代
根本祐二

低成長・人口減少の続く今、地域間の「パイの奪いあい」が激化している。成長している地域は何がちがうのか？北海道から沖縄まで、11の成功地域の秘訣を解く。

1520
水都　東京
――地形と歴史で読みとく下町・山の手・郊外
陣内秀信

隅田川が流れる下町から、凸凹地形が魅力的な山の手、さらに古代の記憶が随所にみられる郊外まで、川、海、濠、湧水などに着目して、水の都市・東京を描き出す。

1654
裏横浜
――グレーな世界とその痕跡
八木澤高明

オシャレで洗練され都会的なイメージがある横浜。しかし、その背景には猥雑で混沌とした一面がある。欲望、野心、下心の吹き溜まりだった街の過去をさらけ出す。

1614
アーバニスト
――魅力ある都市の創生者たち
一般社団法人アーバニスト
中島直人

アーバニスト＝ある専門性を持った都市生活者こそが、今後の魅力ある都市づくりの鍵を握っている。概念の成立と変遷を歴史的に追いかけ、その現代像を描写する。

1573
日本の農村
――農村社会学に見る東西南北
細谷昂

二十世紀初頭以来の農村社会学者の記録から、日本各地域の農村のあり方、家と村の歴史を再構成する。日本人が忘れ去ってしまいそうな列島の農村の原風景を探る。

1338
都心集中の真実
――東京23区町丁別人口から見える問題
三浦展

大久保1丁目では20歳の87％が外国人。東雲1丁目だけで子どもが２４００人増加。中央区の女性未婚者増は男性の倍。どこで誰が増えたのか、町丁別に徹底分析！

ちくま新書

1535
ヴェーバー入門
――理解社会学の射程
中野敏男
他者の行為の動機を理解し、そこから人間や社会を考える。これがヴェーバー思想の核心だ。主要著作を丹念に読み解き、一貫した論理を導き出す画期的入門書。

071
フーコー入門
中山元
絶対的な〈真理〉という〈権力〉の鎖を解きはなち、〈別の仕方〉で考えることの可能性を提起した哲学者、フーコー。一貫した思考の歩みを明快に描きだす新鮮な入門書。

817
教育の職業的意義
――若者、学校、社会をつなぐ
本田由紀
このままでは、教育も仕事も、若者たちにとって壮大な詐欺でしかない。教育と社会との壊れた連環を修復し、日本社会の再編を考える。

1789
結婚の社会学
阪井裕一郎
「ふつうの結婚」なんてない。結婚の歴史を近代から振り返り、事実婚、同性パートナーシップなど、従来のモデルではとらえきれない家族のかたちを概観する。

1205
社会学講義
橋爪大三郎／佐藤郁哉／吉見俊哉／大澤真幸／若林幹夫／野田潤
社会学とはどういう学問なのか？　基本的な視点から説き起こし、テーマの見つけ方・深め方、フィールドワークの手法までを講義形式で丁寧に解説。入門書の決定版。

1371
アンダークラス
――新たな下層階級の出現
橋本健二
就業人口の15％が平均年収186万円。この階級の人々はどのように生きているのか？　若年・中年、女性、高齢者とケースにあわせ、その実態を明らかにする。

1489
障害者差別を問いなおす
荒井裕樹
「差別はいけない」。でも、なぜ「いけない」のかを言葉にする時、そこには独特の難しさがある。その理由を探るため差別されてきた人々の声を拾い上げる一冊。